AF591710

ANNALES

DE LA

FACULTÉ DES LETTRES

D'AIX

Tome II — N°s 3-4

Juillet-Décembre 1908

PARIS
FONTEMOING, ÉDITEUR
4, Rue Le Goff, 4

MARSEILLE
IMPRIMERIE BARLATIER
19, Rue Venture, 19

1908

SOMMAIRE :

Louis DUCROS. — *Jean-Jacques Rousseau*. — De Genève à l'Hermitage (1712-1757)........................... 229-418

ABONNEMENTS

France....................................	5 francs
Union postale............................	6 —
Un fascicule séparé........................	3 —

JEAN-JACQUES ROUSSEAU

De Genève à l'Hermitage (1712-1757)

PAR

Louis DUCROS

(SUITE ET FIN)

CHAPITRE VIII

LA « RÉFORME » DE ROUSSEAU

Rousseau a obtenu ce qu'il souhaitait si ardemment depuis des années : il est connu, il est célèbre et il n'a qu'à se laisser faire pour être partout recherché et caressé ; c'est le moment qu'il choisit pour fermer sa porte et pour adopter un costume et un genre de vie qui doivent le mettre à l'abri des invitations et des curiosités. D'où vient cette bizarrerie qui surprend et déconcerte ses meilleurs amis ? mais disons d'abord en quoi consistait ce qu'il a appelé sa « réforme personnelle ».

Il commence par modifier son costume : plus de dorure à ses habits et plus de bas blancs ; il prend une perruque ronde et pose l'épée ; il se défait même de sa montre. Francueil, devenu receveur des finances, l'avait nommé son caissier ; il lui envoie sa démission et se fait copiste de musique ; de cette façon, il est son maitre, et son nouveau métier lui donne du pain au jour le jour. Désormais, indépendant par état, il pourra l'être dans ses façons de penser et de dire ; il ne relève plus que de lui-même et de sa conscience, qu'il veut affranchir, elle aussi, de tous les préjugés et sottes maximes du monde. Il ne fera désormais que ce qui lui paraîtra « bon et raisonnable en soi », et

Bibliographie : *Confessions*, P. II, L. VIII. — Marmontel : *Mémoires*. — Schérer : *Grimm*, 1887.

non ce qui passera pour bon aux yeux du monde; c'est ce qu'il appelle « briser les fers de l'opinion ».

Que peut lui faire, en effet, l'opinion publique, puisqu'il a renoncé à « tout projet de fortune et d'avancement et qu'il ne veut plus vivre que dans l'indépendance et la pauvreté » ? Ainsi, au lendemain de son succès, il renonce aux avantages que lui assurait ce succès; il se plonge volontairement dans la médiocrité et l'obscurité; il n'est plus même homme de lettres, il a un métier manuel : il est simple copiste de musique. Ses amis, comme Diderot, n'y comprirent rien et ses protecteurs, comme Francueil, crurent qu'il était « fou ». Et nous-mêmes, que penserons-nous de sa conduite, si nous voulons la juger avec équité?

Avant tout, disons-nous bien que nous n'avons pas affaire ici à une de ces natures simples qui, en présence de deux partis à prendre, choisissent ce qui paraît le meilleur à leur jugement et à leur froide raison ; Rousseau est autrement compliqué. Pour ne pas nous perdre nous-mêmes dans les replis et les arrière-pensées de cette nature, pétrie de contradictions, nous pouvons ramener à deux les ressorts qui d'ordinaire le font agir : une *sensibilité* excessive, un *jugement* très fin et très avisé. Parfois, son jugement contredit, après coup, les emportements de sa sensibilité; et, de là, ses variations, ses tardifs repentirs, ses volte-face, en un mot, qui étonnent et déroutent ceux qui vivent dans son intimité. Mais, parfois aussi, et c'est ici le cas, son jugement est *secrètement* d'accord avec les plus brusques et les plus singulières impulsions de sa sensibilité ; et alors, grâce à cet accord tout intime, Rousseau garde, dans sa conduite, une fixité et une constance relatives; il devait rester fidèle, en effet, ou à peu près (ce qui est beaucoup pour lui), au plan de conduite qu'il venait de se tracer.

Voyons donc pour quels motifs il avait adopté ce plan : tout d'abord, c'est le succès même de son Discours qui semble l'y avoir acheminé. Ce succès lui fit, pour ainsi dire, croire à son paradoxe plus qu'il n'y croyait sans doute en le développant; l'approbation de l'Académie de Dijon et les applaudissements du public semblaient donner raison à sa thèse: allait-il donner tort à l'Académie et au public? il ne se dit pas que, pour la plupart des gens, son Discours n'était qu'un jeu d'esprit et une simple gageure brillamment soutenue; Diderot, lui, n'y voyait qu'un joli thème à développer, qu'une de ces boutades ou de ces feux d'artifice dont sa verve était coutumière et qui ne tiraient pas à conséquence; mais Rousseau n'était pas Diderot.

Il se distinguait de Diderot, comme aussi de ces poètes mondains qu'il avait pris à partie dans son Discours, par quelque chose de plus sérieux dans les convictions, de plus grave dans la pensée, qu'il tenait, je l'ai dit, de son origine genevoise et de sa qualité de protestant : il ne savait pas, comme eux, badiner et faire de l'esprit à propos des questions les plus hautes ; et, en conséquence, il se figurait sincèrement que le public allait lui demander compte de ses opinions. Il crut qu'on allait le prendre au sérieux, comme il s'y prenait lui-même, surtout depuis son premier succès, et qu'on allait enfin lui demander d'être l'homme de son Discours. Je remarque que dans sa *Préface de Narcisse* il écrit ceci : « Dès qu'un homme parle sérieusement, on doit penser qu'il croit ce qu'il dit, à moins que ses actions ne le démentent. » Et dans sa « Lettre sur une nouvelle réfutation de son discours par un Académicien de Dijon », il avait déjà écrit : « L'auteur est si occupé de ses terres qu'il me parle de la mienne. Une terre à moi ! la terre de Jean-Jacques ! En vérité, je lui conseille de *me calomnier* plus adroitement... Et (en note) si l'auteur essayait de me prouver que ce n'est point un crime d'avoir une terre, je lui répondrais : il se peut que ce n'en soit pas un pour d'autres, mais c'en serait un pour moi. » On voit par là combien était vive sa préoccupation de mettre sa conduite d'accord avec ses écrits.

Or, plus il avait été outré dans ses critiques de la société et violent dans ses diatribes contre le luxe et la politesse du siècle, plus aussi allait éclater le contraste qui existait à ce moment entre sa doctrine et sa vie ; et la malignité du public, pensait-il, ne manquerait pas de s'en égayer à ses dépens : c'est ce que ne pouvait accepter son immense amour-propre et c'est pourquoi il résolut de conformer sa conduite à ses maximes et de vivre désormais comme devait le faire l'auteur d'un tel Discours : c'est-à-dire en paysan du Danube. De là cette réforme, que rien ne faisait prévoir à ses amis et qui leur parut être un coup de tête ; et, chose très curieuse, c'en était un, en effet, du moins dans le sens que voici : Rousseau, nature éminemment sensible, et de peu de volonté, s'était décidé, comme font tous les êtres faibles, brusquement, et même dans l'exaltation de la fièvre. Il venait d'avoir une recrudescence de ce mal dont il ne devait plus guérir, et, dans le délire, il avait trouvé ce surcroît de force ou, tout au moins, d'exaltation, dont il avait besoin pour prendre une résolution aussi grave : mais cette résolution, il n'avait pas perdu la tête au point de la former contraire à ses véritables intérêts. Il renonçait au monde : mais il savait qu'il n'y pouvait briller et son renoncement était d'accord avec sa vanité. Il en convient d'ailleurs très franchement lui-même dans ses *Confessions* : « Jeté malgré moi dans le monde sans en avoir le ton, sans être en état de le prendre et de m'y assujettir, je m'avisai d'en prendre un à moi qui m'en dispensât. Ma sotte et maussade timidité, que je ne pouvais vaincre, ayant pour principe la crainte de manquer aux bienséances, je pris, pour m'enhardir, le parti de les fouler aux pieds. »

Il voulait donc vivre retiré dans son nouveau logement de la rue de Grenelle, logement plus que modeste qu'il venait de meubler grâce, il le dit lui-même, « aux secours qu'il devait à Mme Dupin. » Et surtout il vivait, dans cet humble logis, avec quelqu'un qu'il n'était pas très fier de présenter aux grandes dames qui était si curieuses de le voir, car ce quelqu'un était une simple et assez peu intéressante ravaudeuse : et de cette nouvelle raison de cacher sa vie il ne nous dit rien dans ses *Confessions*, mais ce ne fut pas, sans doute, une des moins décisives. Voilà, pour expliquer son nouvel et subit héroïsme moral, bien des motifs qui n'ont rien d'héroïque, s'ils sont très humains ; il en est, je crois, de plus relevés et qui lui font plus d'honneur.

Le succès de son Discours lui avait donné, dit-il, « la première assurance véritable de son talent » : or ce talent, il le savait bien, n'avait pas, dans ce premier essai, donné toute sa mesure; il se sentait en fond et savait qu'il pouvait faire mieux ; comme il se connaissait très bien, il comprenait que son talent était fait, d'une part, de méditation solitaire, et, d'autre part, d'enthousiasme et de passion, toutes choses qui n'ont pas cours dans la vie mondaine; renoncer à cette vie et à toutes les frivoles obligations qu'elle entraîne, c'était donc se ressaisir dans la solitude, s'armer pour de nouveaux combats, se fortifier en un mot pour donner un libre essor à tout son génie.

Et enfin, je le crois du moins, Rousseau éprouvait le besoin de mettre un peu d'ordre et d'unité, un peu plus d'harmonie, pour ainsi dire, dans sa vie, si dispersée et si désordonnée jusque là. Il se souvenait, ce sont des choses qu'on n'oublie pas, de l'intérieur très bourgeois et très doux où il avait passé son enfance et il voulait, après tant d'aventures et de courses vagabondes, après tant de nuits passées sur les grands chemins et à la belle étoile, après tant de jours vécus et souvent gaspillés dans des maisons qui n'étaient pas la sienne, il voulait, dis-je, avoir enfin un foyer, un véritable intérieur, très humble à la fois et très propre, car il était resté et il restera, à travers ses pérégrinations incessantes, un bourgeois de Genève. Ce foyer, je le sais, manquera de bien des choses ; et on ne peut pas dire que Rousseau, après son départ de la maison paternelle, ait jamais vécu de la vraie vie de famille ; c'était pourtant quelque chose de mieux, de plus stable, et de plus indépendant surtout, que la domesticité où il avait vécu pendant si longtemps. Vivant de son métier, il cessait d'être, comme tant de littérateurs d'alors, le parasite ou l'obligé des grands seigneurs qui les admettaient à leur table et se les attachaient par des cadeaux ou des pensions. Cette indépendance, il la défendra, sans doute, avec une humeur farouche et une susceptibilité souvent fort ridicule; et pourtant elle allait lui permettre, cette vie nouvelle et plus libre, de dire toute sa pensée sans ménagement ni respect humain, puisqu'il ne devait plus rien à personne ; et tout cela mettait plus de sérieux et, il me semble aussi, un peu de noblesse dans sa vie. De cette façon, il s'obligeait lui-même à être de plus en plus l'homme de ses principes, qui étaient que la vertu vaut mieux que tout; il s'engageait à être le représentant, au milieu de cette société uniforme et légère, des idées sérieuses et personnelles, et cela le conduisait à devenir plus personnel lui-même et plus épris de vertu.

La vertu, l'héroïsme même, il avait appris à les admirer dès sa plus tendre enfance; il s'était enthousiasmé pour les héros de Plutarque et cette exaltation, à ce premier âge, lui avait été salutaire, les impressions premières étant ineffaçables. Ne parle-t-il pas, dans ses *Confessions*, de ce « premier levain d'héroïsme et de vertu que son père et sa patrie et Plutarque lui avaient mis au cœur dès sa première enfance ? » Il avait connu à Genève ce qu'était la vie et les sentiments d'un citoyen; puis les leçons religieuses, et, mieux que les leçons, les exemples puisés dans l'intérieur honnête du pasteur Lambercier avaient déposé dans son âme d'enfant des semences de probité, qui n'avaient pas porté jusque-là de bien beaux fruits et nous savons pourquoi; mais ces semences n'avaient pas été complètement étouffées. « Né, dit-il (troisième *Promenade*), dans une famille où régnaient les mœurs de la piété, élevé ensuite avec douceur chez un ministre plein de sagesse et de religion, j'avais reçu, dès ma plus tendre enfance, des principes, des maximes, qui ne m'ont jamais tout à fait abandonné ».

Il lui restait, en somme, de son éducation première, et aussi des lectures sérieuses qu'il avait faites dans sa studieuse retraite des Charmettes, des souvenirs qui l'aidaient maintenant à remonter vers la lumière, qui allaient le soutenir à travers ses défaillances et ses rechutes et ses fautes, hélas! sans cesse renouvelées; car sa réforme, est-il besoin de le dire? est loin d'être radicale et complète. Tenons-lui compte, tout au moins, de cet effort vers le mieux et, pour être tout à fait juste envers lui, n'oublions pas d'où il est parti et quelles sociétés avilissantes il a traversées : à courir les grandes routes, comme il a fait, et à vivre tantôt au milieu des valets, tantôt chez une aventurière qui lui avait donné de si singulières leçons, il aurait pu être, et il aurait été excusable de n'être que cela : un simple vaurien.

Voici quel fut le premier résultat de sa réforme et de sa réclusion : quand on sut qu'il se cachait, on fut d'autant plus curieux de le voir. Déjà, de soutenir les paradoxes de son Discours cela avait paru une singularité ; mais voici que ce n'était plus seulement les opinions de l'auteur, c'était sa vie même qui était paradoxale. Quel original et comme il devait être drôle! et, de toutes parts, pleuvent chez lui les invitations à dîner, « les cadeaux, grands et petits »; pour satisfaire le public, il aurait fallu, dit-il, me montrer comme Polichinelle, à tant par personne. Certains biographes en concluent que tout cela, cette belle réforme, n'était que comédie ; il refusait sa porte, mais c'est parce qu'il savait bien qu'on viendrait la forcer et qu'on le rechercherait d'autant plus qu'il se déroberait : ainsi font les femmes coquettes et les faux modestes. Cette recrudescence de popularité, due précisément à son changement de vie, n'était pas, en effet, pour surprendre Rousseau et je suis même sûr qu'il en fut très flatté : je ne crois pas pour cela au plan machiavélique qu'on lui prête et ma raison, c'est que cette nouvelle manière de vivre, il la garda et que, par exemple, il resta fidèle à ses maximes dans une circonstance fort importante de sa vie, où son intérêt immédiat était d'y être infidèle; cette circonstance, c'est la représentation du *Devin du village.*

Rousseau, on le sait, à travers ses essais littéraires, n'avait jamais cessé de s'occuper de musique. Après son premier Discours, il avait fait un séjour d'une semaine ou deux chez un de ses parents, Mussard, un ancien joaillier retiré à Passy : il y avait esquissé un opéra qu'il termina à Paris et qu'il intitula le *Devin du village.* L'opéra fini, il s'agissait de le faire représenter : Duclos, qui était bien en Cour et qui était devenu l'ami de Rousseau, s'employa pour faire admettre la pièce qui, après mainte négociation, fut enfin jouée à Fontainebleau en octobre 1752 (le 1er mars 1753 elle devait être donnée à l'Opéra). La pièce alla aux nues : Rousseau, dans sa loge, qui faisait face à la loge royale, où étaient le roi et Mme de Pompadour, put « savourer » son triomphe ; il nous en a fait un récit qui est très connu (*Confessions*, P. II, l. VIII). Il entendait autour de lui « un chuchotement de femmes qui lui semblaient belles comme des anges et qui s'entredisaient à demi-voix : Cela est charmant, cela est ravissant ; il n'y a pas un son là qui ne parte du cœur. » Je m'excuse de ne pouvoir apprécier les talents musicaux de Rousseau : heureusement Rousseau musicien n'intéresse pas directement l'historien littéraire et peut être étudié à part, comme il l'a été, en effet, et copieusement, dans le savant ouvrage de M. Jansen (1). Il me semble que Sayous nous fait bien comprendre, dans les lignes suivantes, ce qui fit le succès de la pièce de Rousseau : « Il n'y a pas si loin qu'il semble du Discours couronné par l'Académie de Dijon au *Devin du village*, venu peu après. On se prit d'enthousiasme pour les amours naïves de ces *bonnes petites gens*, comme on l'avait fait pour la prosopopée de Fabricius. On trouvait un parfum de Suisse dans cette pastorale d'un goût tout neuf. La musique elle-même, malgré la prédilection déclarée de Rousseau pour la musique italienne, n'a, du goût italien, que la simplicité de l'harmonie et la première place donnée à la mélodie ; les thèmes du *Devin* font penser bien plus aux chansonnettes de la tante Suzon qu'aux airs des maîtres d'Italie. Le tour en est suranné et le style vieillot, et ils n'auraient pas eu tant de succès, sans la chaleur qui s'y fait sentir et les endroits touchants qui, par endroits, les relèvent » (2). Le succès du *Devin* devait être aussi vif à Paris qu'à Fontainebleau et il fut durable ; j'en donnerai pour preuve ce mot de Chamfort, dit longtemps après la première représentation : « On disait de J.-J. Rousseau : C'est un hibou. — Oui, dit quelqu'un, mais c'est celui de Minerve ; et, quand je sors du *Devin du village*, j'ajouterai : déniché par les Grâces » (3).

Le lendemain de la représentation à Fontainebleau, Jélyotte écrivait à l'auteur que le Roi était enchanté de sa pièce : « Toute

(1) Albert Jansen : *Rousseau als Musiker*, Berlin, Reimer, 1884.

(2) A. Sayous : *Le dix-huitième siècle à l'Étranger*, Paris, Didier, 1871, t. II, 245.

(3) Œuvres complètes de Chamfort, 1812, II, 140.

la journée, Sa Majesté n'a cessé de chanter, avec la voix la plus fausse de son royaume :

J'ai perdu mon serviteur,
J'ai perdu tout mon bonheur. »

Le même soir le duc d'Aumont fait dire à Rousseau de se trouver au château de Fontainebleau le lendemain sur les onze heures et qu'il le présenterait au roi ; M. de Cury, qui lui fait ce message, ajoute qu'on croyait qu'il s'agissait d'une pension et que le roi voulait la lui annoncer lui-même.

Que va faire Rousseau ? pauvre et avide de gloire, il va sans doute courir au rendez-vous : il allait être complimenté par le roi devant toute la cour et recevoir un subside dont il avait grand besoin. Il n'alla pas à Fontainebleau. La nuit qui suivit son brillant succès, au lieu de le bercer de rêves de gloire et de fortune, fut pour lui « une nuit d'angoisse et de perplexité. » Avec son ardente imagination, il se voyait devant le roi et se représentait toute la scène qui allait se passer, une scène dont il pourrait être le héros, s'il avait l'aplomb et la présence d'esprit nécessaires, mais qui tournerait à sa confusion, il le sentait d'avance et en frissonnait, s'il se montrait, à son ordinaire, gauche et embarrassé. Bien sûr, il lui échapperait quelque sottise, une de ces « balourdises » dont il était coutumier : car le moyen, pour le timide qu'il est, de paraître à son avantage, d'être à la hauteur des circonstances, de trouver enfin et sans hésiter, et en l'accompagnant d'un sourire, un de ces mots justes et profonds qu'on devait attendre d'un homme tel qne lui, de celui qui était maintenant, aux yeux du public, un génie et un sage ? Car, de parler simplement et de remercier tout uniment comme aurait fait n'importe qui, c'est à quoi il ne songeait pas un instant : il n'était pas permis à un Rousseau de remercier en s'inclinant, comme le premier venu : sa vanité eut le dernier mot et il retourna à Paris.

Maintenant sa vanité parla-t-elle seule dans cette nuit qu'il nous représente, et nous pouvons l'en croire, comme si tragique pour lui ? Un autre sentiment, il nous l'affirme, contribua à lui faire prendre la décision qui était si contraire à ses intérêts : s'il acceptait cette pension qu'on lui offrait, c'était « un joug » qu'il acceptait avec elle ; comment désormais oserait-il parler d'indépendance et de désintéressement ? On reconnait là, dans toutes ces raisons si différentes qu'il se donne, — sans parler de sa maladie qu'il faut bien nommer ici, une rétention d'urine, — les hésitations d'un caractère faible, qui flotte d'une résolution à l'autre, et cherche de tous côtés, pour se décider, des raisons ou des prétextes. Enfin, et pour en finir, le fait est là : il renonça à la pension et ce renoncement était pour lui, dans sa situation précaire, d'une telle conséquence, que nous pouvons bien admettre avec lui que, parmi tous les motifs qui pesèrent sur sa détermination, il y eut aussi un motif honorable ; et c'était de ne pas se démentir, d'agir conformément à son nouveau mode de vie, de rester, comme il le dit lui-même, « conséquent avec ses principes. »

Ses amis ne voulurent voir dans sa conduite à Fontainebleau que mensonge et vanité ; mais il convient, je crois, pour rendre pleinement justice à Rousseau, de comparer son attitude en cette circonstance et le nouveau genre de vie qu'il venait d'adopter avec la manière de vivre des gens de lettres, qui n'ont cessé, depuis lors, de le persifler. Voici d'abord celui que j'appellerai, sans le calomnier, l'écornifleur Marmontel : il est logé et nourri chez La Popelinière un assez long temps ; il est vrai qu'il va souvent dîner chez l'ambassadeur d'Autriche, Kaunitz, qui « l'a pris en amitié ». Il apprend un jour que l'Ambassadeur d'Angleterre, lord Albermale, a pour maîtresse Lolotte : « Je m'en fit une amie ; c'était un moyen sûr de me faire un ami de lord Albermale. » Je ne parle pas de ses flatteries à la Pompadour, ni de ses visites à l'abbé Terray, et à Mme Merlin « protégée » par Maupeou, pour obtenir la faveur, lui, pourtant l'ami des Encyclopédistes, de dédier son *Bélisaire* à Sa Majesté ! Quant à Diderot, qui vante sur tous les tons la fierté de son caractère, il a placé au centre de sa bibliothèque, de cette bibliothèque que lui a achetée Catherine pour lui en laisser la jouissance, le buste de l'impératrice de toutes les Russies ; et « c'est là que le père, la mère et l'enfant vont, de temps en temps, faire leur prière du matin » Qu'on relise, dans ses œuvres, les hymnes qu'il entonne en l'honneur de Catherine *le grand*, de cette Catherine sur qui pesaient les plus graves soupçons d'assassinat : mais Diderot avait reçu de son idole la somme assez rondelette de 60.000 livres et c'est pourquoi il voit en elle « l'image fidèle de la divinité. »

Que dirai-je de Grimm ? — et je ne parle ici que de ceux qui ont raillé sur tous les tons l'homme qui, pour avoir son gagne-pain, c'est-à-dire, son indépendance, avait eu cette idée saugrenue, de se faire copiste de musique. — On connait ce pied plat, c'est Grimm que je veux dire : non content d'être le « plastron » de Frédéric qui met d'ailleurs le comble à ses aménités berlinoises en l'appelant M. de la Grimmalière, il se fait, avec quel bonheur de courber l'échine ! « le souffre-douleur » de Catherine, qui l'a nommé colonel russe ! il a déjà obtenu je ne sais combien de titres et de cordons ; mais une chose manque à sa félicité et c'est l'étoile polaire de Suède. Malheureusement, il faut être noble pour avoir la polaire ; et puis elle coûte cher : qu'à cela ne tienne ! il se fera baroniser à Vienne ; ce bon landgrave de Hesse fera tous les frais de sa baronnie (soit 4.000 florins) et le voilà, à la fois, étoilé et devenu M. de Grimm, baron du Saint-Empire. C'est Grimm qui se moquera le plus, et le plus amèrement, de Rousseau et de sa « copie » : en vérité le plus ridicule des deux, ce n'est pas Rousseau ; et une « si misérable courtisanerie », c'est le mot de Schérer sur Grimm, ôte à celui-ci le droit de rire, comme il l'a si souvent fait et si cruellement, des pires singularités de Rousseau. Grimm jouissait, sous la Révolution, de 40.000 livres de rentes : les quarante sous par jour du « copiste » Jean-Jacques font, je crois, plus d'honneur à la littérature.

Avant d'aborder le *Discours sur l'Inégalité* qui est, comme on sait, capital dans l'œuvre de Rousseau, il me faut indiquer rapidement, si je veux, comme on dit, être « complet », quelques menus écrits de Rousseau. Voici d'abord une *Oraison funèbre du duc d'Orléans* que l'abbé D'Arthy avait commandée à Rousseau ; c'est un discours insignifiant, où je relève pourtant cette phrase qui nous montre encore Rousseau sérieusement préoccupé de sa réforme morale : « On ne remarquait point entre ses maximes et sa conduite cette *opposition monstrueuse* qui déshonore nos mœurs et notre raison. » Rousseau, à cette date, est précisément désireux de faire cesser « l'opposition » qu'il y avait entre « sa conduite » passée et ses « maximes » présentes. Un autre écrit, également de peu d'importance, est un discours académique sur « la vertu la plus nécessaire aux héros » (1751). Cet écrit figure, dans les œuvres de Rousseau, sous le titre de « Discours sur cette question, proposée par l'Académie de Corse. » Il n'y avait pas proprement « d'Académie de Corse » ; le général de Cursay, commandant des troupes françaises en Corse (1748-1751), avait restauré, à Bastia, l'ancienne Académie dite des *Vagabondi*, et c'est celle ci qui avait proposé la question traitée par Rousseau. Il n'y a d'ailleurs pas lieu de s'arrêter à ce « barbouillage académique », c'est ainsi que Rousseau qualifia son Discours quand il fut, à son insu, imprimé à Lausanne bien plus tard, en 1768.

Voici un dernier écrit plus curieux : depuis le grand succès du *Devin du Village*, Rousseau, devenu presqu'une autorité en musique, crut devoir dire son mot dans la fameuse querelle qui s'éleva alors et passionna tout Paris entre le *Coin du Roi* et le *Coin de la Reine*. On a raconté maintes fois cette querelle dont Rousseau parle d'ailleurs lui-même dans ses *Confessions*. Voici, pour faire court, comment l'a résumée Schérer dans son livre sur *Grimm* (p. 52) : « L'opéra, qui se jouait alors à Paris, à l'Académie royale de musique, ne jouissait que d'une faveur de convention. Tout le monde s'ennuyait, bien que personne n'osât en faire l'aveu, de cette déclamation musicale consacrée par l'autorité de Lulli, et que toute la science de Rameau n'était pas parvenue à faire sortir de sa monotonie. Sur ces entrefaites, arrivèrent à Paris les Bouffes ou, comme on disait alors, les Bouffons italiens. C'était une assez pauvre troupe, à laquelle l'Opéra fit la charité de prêter ses planches, mais qui réussit d'ailleurs à merveille. Deux sujets firent tout de suite la fortune de la bande : un chanteur, Manelli et la *prima donna*, Mlle Tonelli... La médiocrité de l'ensemble, reconnue par ceux-là même qui les patronnèrent le plus chaudement, disparaissait sous le charme d'un art inconnu jusque là. Ils chantaient avec brio et ils chantaient du Pergolèse. » Le parti qui soutenait la musique française, composé surtout, dit Rousseau, des grands, des riches et des femmes, se rassemblait à l'Opéra, sous la loge de la reine ; l'autre parti, qui était pour les Italiens, remplissait tout le reste du parterre et la salle, mais son foyer principal était sous la loge du roi ; d'où vinrent ces noms de *coin du roi* et *coin de la reine*. Rousseau et ses amis étaient pour la musique italienne que Grimm exalta, aux dépens de la musique française, dans son *Petit prophète de Bömischbroda ;* Rousseau écrivit, de son côté, sa *Lettre sur la musique française* (1753). Le pamphlet de Grimm, qui eut un succès fou, est un pastiche assez plaisant, quoiqu'un peu trop long, de la Bible. La lettre de Rousseau est plus sérieuse ; elle débutait par une impertinence à l'égard de la musique nationale : rappelant l'histoire, contée par Fontenelle, de la dent d'or sur laquelle on discuta si longtemps, sans vérifier le fait lui-même; et l'on sait qu'on s'aperçut à la fin que la dent n'était pas d'or ; « pour éviter un semblable inconvénient, disait Rousseau, avant de parler de l'excellence de notre musique, il serait peut-être bon de s'assurer de son existence et d'examiner d'abord, non pas si elle est d'or, mais si nous en avons une. » Rousseau raconte que sa lettre souleva contre lui toute la nation, qui se crut offensée dans sa musique ; il prétend même que sa vie fut en danger, car l'orchestre de l'Opéra avait fait le projet de l'assassiner. On a vu là l'outrecuidance ordinaire à notre auteur. En réalité, Rousseau n'exagère ni l'importance de sa lettre, ni les dangers qu'elle lui fit courir ; j'en donnerai pour preuves deux témoignages contemporains. Le P. Castel dans *L'Homme moral opposé à l'homme physique* (p. 51), s'adressant à Rousseau, dit : « sur la musique italienne ou française, vous avez, il y a deux ans, pensé faire une sorte de révolution dans les arts, sinon dans les mœurs. » Et Sénac de Meilhan (dans son livre sur le *Gouvernement, les mœurs et les conditions en France*) écrit : « Ceux qui connaissent la nation, qui l'ont vue s'enflammer pour des musiciens, *menacer la vie de Jean-Jacques Rousseau* pour une différence de sentiment en musique... » Rousseau fut, en tous cas, puni de son audace et très injustement, par un mauvais procédé : on lui refusa son droit d'entrée à l'Opéra, bien qu'il eût stipulé, en cédant sa pièce du *Devin*, qu'il aurait ses entrées à perpétuité. Mais en voilà assez sur cet incident, dont on pourra d'ailleurs trouver les détails dans les *Confessions :* j'ai hâte d'arriver au *Discours sur l'Inégalité*.

CHAPITRE IX

LE DISCOURS SUR L'INÉGALITÉ

L'Académie de Dijon venait de mettre au concours, en 1753, une nouvelle question : rechercher l'origine de l'inégalité parmi les hommes. Rousseau résolut de concourir. Pour méditer plus à l'aise sur ce grand sujet et travailler dans le milieu qui pouvait, pensait-il, l'inspirer le mieux, il se fixa pour une semaine à Saint-Germain : « Tout le jour enfoncé dans la forêt, j'y cherchais, j'y trouvais l'image des premiers temps dont je traçais fièrement l'histoire ; je faisais main basse sur les petits mensonges des hommes ; mon âme s'élevait auprès de la Divinité. » De ces méditations sortit le Discours sur l'Inégalité. Rousseau n'eut pas le prix ; mais il eut mieux qu'une couronne académique ; il agita et souleva l'opinion publique et désormais, par ce Discours, il avait donné sa mesure : il était l'homme le plus éloquent de son siècle. De plus, il avait trouvé le principe qui va le guider désormais dans ses recherches, car ce Discours est la clef de l'œuvre tout entière de Rousseau. Grimm a dit avec raison : « Ce Discours est peut-être, de tous les ouvrages de cet homme célèbre, le plus original et le plus important. Il contient les germes de tout ce qu'il a écrit depuis ». (*Correspond. littér.*, X, 313). Il convient donc d'étudier avec la plus grande attention ce second Discours

Bibliographie : *Le Discours sur l'inégalité. Confessions*, P. II, L. VIII. — Lucrèce : *De natura rerum*, livre V. — Buffon : *Histoire naturelle. Epoques de la nature.* — Du Tertre : *Histoire générale des Antilles*, 1667, 4 vol. — P. Kolbe : *Description du cap de Bonne-Espérance...*, 1743. — *Histoire générale des Voyages*, t. III, 1747. — *Lettre au sujet du Discours de Rousseau sur l'orig. de l'inég.*, par Philopolis (Ch. Bonnet), 1755. — Rousseau : *Lettre à M. Philopolis.* — Émile Faguet : *Le Socialisme en 1907.*

de Rousseau. Pour cela, j'essaierai d'abord d'en expliquer *la genèse*, puis de l'*analyser,* et enfin d'en faire entrevoir toute la *portée.*

La Genèse du second Discours

Voyons d'abord, et avant tout, dans quelle situation se trouvait Rousseau, quelles préoccupations et *quels sentiments particuliers l'agitaient* au moment où il composa son second Discours. En 1753, il habite encore, rue Grenelle-Saint-Honoré, un logis plus que modeste, meublé, nous le savons, grâce « aux secours de Mme Dupin ». Il vit là avec l'ancienne lingère de son hôtel, Thérèse Le Vasseur. Y a-t-il des enfants à la maison? il pourrait y en avoir : un est né en 1747, un autre en 1749 et un troisième en 1750; Rousseau les a tous les trois envoyés à l'hôpital et je me le figure aisément, au sortir d'un de ces hôtels somptueux, où il a vu la société la plus choisie, rentrant dans son triste logis pour y entendre peut-être les plaintes, trop légitimes, de Thérèse qui, elle, est restée mère, qui l'a été du moins assez, nous le savons par Rousseau, pour s'opposer à cet horrible exode de tous ses enfants. Comment donc Rousseau a-t-il pu agir ainsi? Il mangeait, nous dit-il dans ses *Confessions*, à une table d'hôte où ces façons commodes de se débarrasser de ses enfants se racontaient comme choses très ordinaires ; s'il a fait comme les autres, c'est la faute de son milieu, c'est-à-dire de la société : la société est donc mauvaise. Et d'ailleurs, que seraient devenus ses enfants dans une société qui n'est bonne qu'aux riches? malheur à l'enfant pauvre! il sera plus sûr, à l'hospice, de ne pas mourir de faim. Rousseau dira dans une note de son Discours sur l'inégalité : « il est clair qu'il faut mettre sur le compte de la société... l'exposition d'une multitude d'enfants, victimes de la misère de leurs parents ». Et deux ans avant ce Discours, le 20 avril 1751, il écrivait à Mme de Francueil : « Il ne faut pas faire des enfants quand on ne peut pas les nourrir? pardonnez-moi, Madame; la nature veut qu'on en fasse, puisque la terre produit de quoi nourrir tout le monde : mais c'est l'état des riches, c'est votre état qui vole au mien le pain de mes enfants... C'est un malheur dont il faut me plaindre, non un crime à me reprocher ».

Voilà les raisons, ou plutôt les sophismes, dont il se paie et à l'aide desquels il s'efforce de faire taire sa conscience et d'étouffer ses remords : cependant ses remords, j'en suis sûr, le ressaisissent et passent, transposés, dans son Discours, pour l'envenimer, et pour lui donner je ne sais quel âpre accent de révolte et de haine. Mais entrons plus avant dans son âme : il a fait tout cela, c'est-à-dire des crimes contre nature, contre cette nature même qu'il exalte à cette heure ; il se rend compte de toute la gravité de sa faute (il le dira un jour), et cependant il sent aussi, il n'en peut douter aux transports qui l'agitent quand il écrit, il sent en lui l'amour, plus que cela : l'enthousiasme de la vertu. Son enthousiasme est sincère, car il s'attendrit au récit d'une belle action et il n'a pas tout à fait tort quand il affirme que « son talent était moins dans sa plume que dans son cœur et né uniquement d'une façon élevée et fière de penser. » Comment se fait-il donc, qu'avec tous ces bons et nobles sentiments, il ait commis des actions qu'il peut essayer d'expliquer, mais qu'au fond il sait être mauvaises et même abominables ? D'où vient cette contradiction étrange entre son cœur et sa conduite ? *C'est qu'il est né bon et que la société l'a corrompu.* Voilà la solution de ce poignant problème et voilà aussi, ce que cherchait son âme désemparée et angoissée, voilà sa suprême excuse : c'est la société qui rend l'homme mauvais, car c'est elle qui a introduit *l'inégalité* parmi les hommes, elle qui a fait des riches et des pauvres, des heureux et des malheureux. Il est, lui, parmi les pauvres, et, de plus, il n'est pas de ces pauvres qui se résignent : se résigner ! il ne le peut pas, parce qu'il y a trop de disproportion entre son génie et sa pauvreté et que cette disproportion est une iniquité. Et il ne le peut pas encore parce qu'il est un passionné et un vaniteux, et parce que, de toutes les blessures d'amour-propre que lui a faites cette inégalité choquante, entre son mérite et sa fortune, est né en lui un sentiment, que n'ont connu ni Diderot, ni Grimm, ni Voltaire : *la haine du riche.* Pour exprimer ce sentiment, ou plutôt, cette passion mauvaise, il saura trouver, au cours de son œuvre, des cris de colère et des formules enflammées ; mais déjà, dans le Discours sur l'inégalité, c'est cette haine du puissant et du riche qui, s'ajoutant au remords de ses fautes, va lui dicter ses plus ardentes invectives contre les inégalités sociales.

Nous avons de lui un opuscule inachevé, dont nous ignorons la date exacte, mais qu'on peut placer, je crois, sans crainte de se tromper, entre 1749 et 1756, c'est-à-dire à l'époque à peu près de son second Discours. Or cet opuscule, intitulé *Discours sur les richesses*, nous éclaire pleinement sur les dispositions d'esprit où il se trouvait quand il écrivit le Discours sur l'inégalité. Deux citations suffiront pour nous édifier : « ils (les riches) osent transformer leurs amis en valets. » Il vient de dire « qu'il est plus commode de donner un liard à un mendiant que de s'intéresser à son infortune », et il ajoute : « j'avoue qu'il est plus commode encore d'être dans un bon carrosse bien roulant qui, pour toute réponse, couvre de boue le visage du pauvre. » Voilà donc les réflexions qui lui venaient à l'esprit quand il songeait à ces richissimes financiers chez lesquels il fréquentait alors. Nous trouverons, heureusement, autre chose que des souvenirs et des rancunes dans le Discours sur l'inégalité ; mais ce qu'il y aura de personnel et de particulièrement ému, il me semble que nous savons dès maintenant comment nous devrons l'entendre et l'interpréter.

Après avoir rattaché à la vie et aux sentiments personnels de Rousseau le Discours sur l'inégalité, il convient d'indiquer brièvement comment ce Discours peut s'expliquer en partie par *l'époque même* où il fut écrit ; cette époque de notre histoire étant connue, il me suffira de la rappeler au lecteur. On voyait alors à Paris, devant la colonnade du Louvre, une foule de petits fripiers qui étalaient en plein vent leurs sordides guenilles, et la splendeur de l'édifice ne faisait que mieux ressortir la misère de ces petites gens. Splendeur et misère, ce contraste-là était en raccourci l'image de la France, et jamais peut-être n'avait plus éclaté à tous les yeux cette inégalité des conditions qui va faire l'objet du Discours de Rousseau.

Déjà Vauban, en 1707, dans son *Projet de dîme royale*, portait le nombre des familles aisées à 10.000 ; on peut, je crois, le porter vers le milieu du siècle, à 15.000 environ *sur 22 millions* de Français. « La France, dit Sismondi, présentait alors le contraste le plus étrange : la vraie nation, celle qui habitait les provinces, était réduite à un état de souffrance, de pénurie, d'oppression, qu'elle n'avait jamais connu, même dans les siècles de la plus grande barbarie. La France, au contraire, que connaissaient les étrangers, celle qui se montrait à Paris et à Versailles était plus brillante, plus enjouée qu'aux temps du règne de Louis XIV. Dans les campagnes, la taille et les gabelles écrasaient l'agriculture : à Paris, au contraire, d'immenses richesses circulaient parmi les fermiers-généraux et les financiers. »

Or, d'une part, c'étaient précisément, on l'a vu, ces fermiers-généraux et ces financiers que fréquentait Rousseau à l'époque de son Discours : les La Popelinière, les Dupin, les d'Epinay, dont le train follement dispendieux ruinait des populations entières ; et, d'autre part, ces populations des campagnes si misérables, personne ne les connaissait mieux, n'avait vu de plus près leurs misères que le vagabond Jean-Jacques ; qu'on se rappelle seulement la soirée qu'il passa chez ce paysan qui « cachait son pain à cause de la taille et son vin à cause des aides ; car il serait un homme perdu si l'on pouvait se douter qu'il ne mourût pas de faim. Tout ce qu'il me dit à ce sujet, et dont je n'avais pas la moindre idée, me fit une impression qui ne s'effacera jamais. Ce fut là le germe de cette haine inextinguible qui se développa depuis dans mon cœur contre les vexations qu'éprouve le malheureux peuple et contre ses oppresseurs » (*Confessions*, l. I, ch. IV).

Je sais quelle part il faut faire ici à l'exagération et, si l'on veut, à la déclamation ; et je n'oublie pas davantage que le progrès des idées et des mœurs avait en un sens adouci, et comme atténué, au XVIIIe siècle, certaines inégalités sociales ; et une des meilleures preuves, je crois, qu'on en pourrait donner, c'est justement l'accueil empressé que les salons de Paris faisaient à de petites gens, tels que Rousseau. Mais, d'une part, ce progrès des idées avait fait les esprits plus indépendants et plus fiers ; et, d'autre part, ce progrès des mœurs, en rapprochant, à Paris du moins, les distances, les avait rendues plus sensibles et plus humiliantes, les petites inégalités sociales étant celles précisément dont souffrent le plus les amours-propres. Au moyen âge, la distance était tellement infinie entre un baron et un vilain qu'on n'imaginait même pas un autre ordre de choses et qu'on supposait l'ordre actuel établi de toute éternité. Au XVIIIe siècle, les barrières s'étant abaissées, les petits voyaient de trop près les splendeurs des grands pour n'en pas être offusqués et ne s'en pas indigner : c'est cette indignation même qui va éclater et gronder dans le Discours de Rousseau.

Le Discours sur l'inégalité comprend : une Dédicace, dont j'aurai à m'occuper plus loin, car elle est intimement liée à la biographie de Rousseau, une Préface, et des notes écrites postérieurement au Discours et dont je parlerai après le Discours, et enfin le Discours, qui se compose lui-même d'un court préambule et de deux parties distinctes. Dans la première partie, Rousseau fait une histoire, intéressante et curieuse de l'humanité avant la création de la propriété et avant la naissance des sociétés ; dans la deuxième partie, on voit naitre, avec la propriété, les premiers gouvernements et, par eux, se multiplier et s'accentuer les inégalités sociales avec tous les malheurs qu'elles traînent à leur suite.

Le vrai texte de la question posée par l'Académie de Dijon (les œuvres de Rousseau ne donnent que le texte tronqué), était le suivant : « Quelle est la source de l'inégalité des conditions parmi les hommes ; si elle est autorisée par la loi naturelle. » On le voit, le texte même de la question posée impliquait, comme étant hors de doute, l'existence de la loi naturelle ; et on demandait aux concurrents de juger les inégalités sociales par rapport à cette loi, demande qui est, à elle seule, un témoignage du progrès des esprits, même en province, au milieu du XVIIIe siècle. Les académiciens de Dijon semblaient, par leur question même, provoquer toutes les audaces ; pourtant le Discours de Rousseau allait dépasser leur attente ; j'imagine qu'en le lisant les plus avancés d'entre eux reculèrent devant les hardiesses de pensée et les témérités de langage que je vais analyser, et ils durent opiner en séance à peu près comme Rousseau l'a fait dans ses *Confessions* : « Ce n'est pas pour des pièces de cette étoffe que sont fondés les prix des Académies. » Voyons donc en détail de quelle étoffe est faite cette pièce fameuse.

INTRODUCTION

Il y a, selon Rousseau, deux sortes d'inégalités : les unes, *naturelles* et résultant des différences corporelles et intellectuelles; les autres, *politiques*, créées par les privilèges de la richesse et de la puissance. Existe-t-il, entre ces deux espèces d'inégalités, une liaison essentielle ? il est, répond ironiquement Rousseau, inutile de la chercher, si on cherche librement la vérité. Mais, *à l'origine*, l'inégalité politique n'a-t-elle pas découlé de l'inégalité naturelle? Rousseau, notons-le, ne s'inquiète pas de le rechercher. Au moment où la violence fut remplacée par le droit, c'est-à-dire la *nature* par la *loi*, on vit ce prodige que le plus fort se soumettait au plus faible et c'est ce prodige qu'il faut expliquer. Les philosophes, dit Rousseau, pour étudier le fondement des sociétés, ont bien étudié l'état de nature ; mais, erreur initiale, et qui viciait leurs études : ils parlaient de l'homme sauvage et ils peignaient l'homme civil. Et d'ailleurs l'état de nature a-t-il vraiment existé? non, lisez la Bible : Adam est éclairé par Dieu. Commençons donc par écarter les faits. — Rousseau veut dire simplement, on s'est souvent mépris sur sa pensée : *les faits* nous sont inconnus, sont donc inexistants pour nous. — Conséquemment, il ne s'agira pas ici de *vérités historiques*, mais de *raisonnements hypothétiques* ; voici ce qu'il entend par là : l'homme naturel n'a pas réellement vécu, puisque chez le premier homme, et dès le lendemain de la création, les lumières de Dieu se sont ajoutées aux lumières naturelles. Faisons tout de même comme si Dieu n'avait pas parlé à l'homme et comme si la raison ne s'était révélée à l'homme que très tard ; en un mot, supposons l'homme dans les mains de la seule nature ; et cet homme naturel voyons, non ce qu'il a fait (il n'a pas existé) ;

mais, à le supposer réel, ce qu'il *a dû faire*. Comment le savoir ? rien de plus simple : il n'y a qu'à lire dans le livre de la Nature. Quel livre? demanderons-nous à Rousseau : nous connaissons des livres écrits par Dieu, ou réputés tels, et ce sont les livres sacrés ; nous connaissons des livres écrits par les hommes et ce sont, pour le sujet qui nous occupe, les histoires des peuples ; mais où est le livre de la Nature et aussi qu'est-ce que la Nature ? La nature est la nature, tout le monde entend cela au XVIIIe siècle, et ce mot magique n'a, parait-il, pas besoin d'être défini. On ne définit pas, en effet, les Divinités ; or la Nature est une déesse, peut-être cachée (*Dea abscondita*), mais qui va ici se découvrir à nous, car Rousseau est son prophète ; et n'est-ce pas, jugez en, d'un ton prophétique qu'il annonce les révélations qu'il va faire au genre humain, son auditeur . « ô homme, dans quelque contrée que tu sois, écoute : voici ton histoire, telle que j'ai cru la lire, non dans les livres de tes semblables, qui sont menteurs, mais dans la nature qui ne ment jamais. »

Ecartons ce charlatanisme et disons simplement que Rousseau, ayant à traiter un sujet terriblement difficile, a fait exactement ce que feront toujours ceux qui entreprendront d'écrire, c'est-à-dire, faute de documents, d'imaginer les premiers âges de l'humanité. Comme tous les auteurs aventureux de cette pré-histoire, il est allé, et très sagement, du connu à l'inconnu ; il s'est aidé, par exemple, de ce qu'on savait de son temps sur la vie des hommes qu'on suppose le plus près de la nature, à savoir les sauvages ; et, pour connaître ceux-ci, il a bel et bien puisé dans « les livres menteurs de ses semblables », j'entends, des voyageurs qui avaient écrit des récits de leurs voyages chez les peuples non civilisés ; nous verrons comment il s'est servi de leurs ouvrages et comment même il a, ce qui est assez piquant, répété trop crédulement leurs « mensonges ». Il a ensuite, dans l'homme tel qu'il est aujourd'hui, puisé de quoi construire l'homme primitif, en essayant, comme on l'a toujours fait, de démêler ce qui en nous est *naturel*; et nous ne pouvons, si l'on y réfléchit, entendre par ce mot qu'une seule chose : est, ou nous paraît naturel, ce que nous retrouvons *toujours* en nous sous tous les déguisements et à travers les variations infinies des mœurs et des coutumes ; par exemple : l'instinct de conservation, l'égoïsme, la pitié, l'amour maternel. Attribuant alors, avec assez de raison, ces instincts, ou d'autres semblables, aux premiers hommes, il en a *déduit* leur histoire et cette histoire n'est vraisemblable que pour autant que son *inventeur* a été perspicace et ingénieux. Enfin, une histoire aussi conjecturale ne peut être intéressante que si elle est écrite par un homme d'imagination et par un poète, un poète seul pouvant se faire vraiment le contemporain des premiers âges de l'humanité. Mais si l'on apporte, dans cette divination des âges anté-historiques, des idées préconçues et des colères de polémiste, on pourra écrire des pages aussi fausses qu'éloquentes : il y en a de telles dans le Discours de Rousseau ; ce sont celles qui lui ont été dictées par ses rancunes de déclassé ; mais il y en a aussi de très belles et de très originales et ce sont celles que lui a soufflées le poète qui était en lui, ce poète que nous avait fait pressentir le premier Discours et qui va se dégager et se révéler pleinement à nous.

PREMIÈRE PARTIE

Sans remonter à ces premiers âges du monde, où l'homme n'était qu'un animal comme un autre (l'anatomie comparée n'étant pas assez avancée pour nous renseigner sur ces origines lointaines), Rousseau prend l'homme tel que nous le voyons aujourd'hui : « marchant à deux pieds, se servant de ses deux mains, comme nous faisons des nôtres, portant ses regards sur toute la nature et mesurant des yeux la vaste étendue du ciel. » Le voilà, tel, ou à peu près, qu'il est sorti des mains de la nature. Il vit heureux, parce qu'il a peu de besoins. Je le vois, dit Rousseau, et il le voit avec son imagination de poète, se rassasiant sous un chêne, se désaltérant au premier ruisseau, trouvant son lit au pied du même arbre qui lui a fourni ses repas. Ses premiers progrès, il les doit à l'imitation des animaux : ce n'est que lentement qu'il s'achemine et « s'élève jusqu'à l'instinct des bêtes. » — L'homme a-t-il vraiment pris ce détour ? A-t-il eu besoin des leçons des animaux pour créer son industrie, pour inventer les arts et pour apprendre à vivre en société? De modernes sociologues l'affirment; et il est possible, en effet, que l'adresse ou la ruse de certains animaux lui ait suggéré certains procédés de détail : il me paraît pourtant que, même sans l'aide des animaux, l'homme, rien qu'avec ses facultés naturelles, a fort bien pu trouver tout seul la science, l'art, tout ce qui lui donne, en un mot, non seulement le premier rang, mais une place à part et fait de lui un être hors de pair dans la création. Il est d'usage, depuis Montaigne, et Rousseau ici encore est son disciple, d'exalter l'animal aux dépens de l'homme; mais il est par trop facile de réfuter ces détracteurs, plus ou moins spirituels, de l'humanité. Ainsi, et pour ne prendre qu'un exemple, il est clair que l'homme ne court pas aussi vite que le lièvre; mais il est un certain nombre de choses que le lièvre ne fait pas et ne fera jamais : ne serait-ce qu'un civet de lièvre.

Au reste, après avoir fait l'homme, à l'origine, inférieur aux animaux, Rousseau nous le dépeint, à l'*état sauvage*, bien supérieur à l'*homme civilisé*. Sans doute, convient Rousseau, le civilisé, avec toutes ses machines, l'emporte sur le sauvage; cependant ces deux hommes, mettez-les nus et désarmés, en face l'un de l'autre, et vous verrez un combat plus inégal encore : mais ce n'est plus le civilisé qui aura l'avantage. — Même dans ce corps-à-corps, je parierais plutôt pour le civilisé : la paléontologie nous apprend, en effet, que les hommes primitifs étaient loin d'être ces robustes géants qu'on a imaginés, par analogie avec les gigantesques rhinocéros dont on a retrouvé les ossements énormes. Ces hommes, dits paléolithiques (1), étaient, en réalité, plus petits que les hommes actuels de taille moyenne. Ajoutez qu'ils se nourrissaient très mal : à cette époque très primitive où se place Rousseau, les hommes, ne sachant pas encore faire du feu, mangeaient de la viande crue : ce n'était pas ce qui pouvait les rendre nerveux et forts. Au reste, la question est mal posée : il ne s'agit pas, pour juger de la valeur respective du sauvage et du

(1) Voir Mortillet : *Le préhistorique*, p. 326.

civilisé, d'imaginer un combat entre ces deux hommes ; Rousseau devait mettre, en face d'une bête féroce, ici un sauvage, aussi vigoureux que ceux qu'il admire, là un civilisé, aussi faible que ceux qu'il méprise, mais armé d'un bon fusil : et il aurait dû nous dire de qui il aurait mieux aimé prendre la place, du sauvage ou du civilisé. Si l'on voulait, à tout prix, maintenir l'hypothèse de Rousseau, je dirais alors que l'expérience imaginée par lui, d'un combat singulier entre un sauvage et un civilisé, a été plus d'une fois réalisée : ainsi, dans son voyage autour du monde, La Pérouse s'amusait souvent à faire lutter ses matelots avec les indigènes des terres où ils abordaient : presque toujours les matelots avaient le dessus.

Dans son enthousiasme pour l'homme primitif, Rousseau nous le montre, une pierre dans une main, un bâton dans l'autre, c'est-à-dire, avec les seules armes que lui a fournies la nature, luttant avec avantage contre les plus terribles animaux ; et même, ajoute-t-il, s'il a le désavantage, l'homme peut toujours fuir ; — mais si son adversaire court plus vite que lui ? d'ailleurs, continue-t-il, aucun animal ne fait naturellement la guerre à l'homme « hors le cas d'une extrême faim » — oui, mais s'il a faim ? et il y a des loups qui ont une faim bien vorace. Les Caraïbes, nous apprend Rousseau d'après Corréal, s'exposent hardiment dans les bois, armés seulement de la flèche et de l'arc et « aucun d'eux n'a été dévoré des bêtes », — ou, s'il l'a été, il n'est pas venu le dire à Corréal. En réalité, les bêtes monstrueuses des temps primitifs ont dû faire d'épouvantables hécatombes des pauvres humains sans défense : « Si nous songeons, dit un sociologue contemporain, que dans l'Inde plusieurs milliers d'individus périssent chaque année sous la griffe du tigre, nous comprendrons facilement ce qui devait arriver dans les temps primitifs où l'homme, moins protégé que l'Indien actuel, avait affaire aux tigres d'alors, plus vigoureux qu'aujourd'hui (1). »

Mais l'homme a, dit Rousseau, des ennemis bien plus terri-

(1) Cosentini : *La Sociologie génétique*, p. 63.

bles que les animaux, à savoir les maladies, lesquelles sont, ajoute-t-il, le lot de l'homme vivant en société. Rousseau, disons-le en passant, fait bon marché des bêtes féroces : à Paris, dans sa rue Saint-Quentin, elles lui apparaissaient évidemment peu redoutables. A propos des maladies, il nous prévient qu'il ne déclamera pas contre les médecins — il pourrait y en avoir parmi ses juges à l'Académie de Dijon ; — il se borne donc à déclarer que nous nous donnons certainement plus de maux que la médecine n'en peut guérir : nous nous rendons malades à plaisir par nos excès, nos veilles et *nos études*, et c'est ici que Rousseau place son mot fameux : « Si la nature nous a destinés à être sains (ce qui n'est pas douteux pour lui), j'ose presque assurer que la réflexion est un état contre nature et que *l'homme qui pense est un animal dépravé* ». — Mais si la nature nous a donné un cerveau, ne serait-ce pas peut-être pour nous en servir ?

Au reste, Rousseau va avec tranquillité continuer à se « dépraver » lui-même, en continuant à « réfléchir » sur l'état de nature. Donc ces heureux sauvages ne connaissent pas d'autres maladies que les blessures et la vieillesse : Platon ne nous dit-il pas qu'on employait, à la guerre de Troie, certains remèdes qui, nous le savons maintenant, excitent certaines maladies ? preuve que ces maladies n'existaient pas encore ; et « l'on ferait donc très aisément l'histoire des maladies humaines en suivant celle des sociétés civiles. » L'argument est curieux : tel remède, employé pour combattre une maladie, peut nous en donner une autre ; donc, conclut Rousseau, on ne souffre pas encore de cette autre. Il fallait conclure : donc on ne s'est pas encore aperçu qu'il donnait cette autre et c'est là, peu s'en faut, l'histoire de la médecine. Voici un argument de même force et aussi amusant : « Selon ce que rapporte Celse, la diète, aujourd'hui si nécessaire, ne fut inventée que par Hippocrate. » Qu'est-ce que cela prouve ? tout simplement qu'on ne jeûnait pas systématiquement avant Hippocrate, mais non pas du tout, ce qui est l'idée de Rousseau, qu'on n'eût pas besoin de jeûner, tant on était sobre. Et cette conclusion de Rousseau, contraire à la logique, ne l'est pas moins, je crois, à la réalité ; car les sauvages, ne mangeant pas toujours à leur faim, et jeûnant même souvent, mais *malgré eux*, devaient se jeter gloutonnement sur la proie enfin conquise et se donner de formidables indigestions ; et qu'Hippocrate eût déjà prescrit ou non la diète, la nature, c'est-à-dire leur voracité seule, suffisait à la leur imposer. Qu'on lise, par exemple, dans Lubbock (*L'homme avant l'histoire*, p. 348), comment les sauvages d'Australie s'enduisent de graisse tout le corps pour mieux entrer dans une baleine qui s'est échouée sur le rivage, et qu'ils mangent toute crue ; « pendant des jours entiers, ils se gorgent de cette viande pourrie. »

Il est vrai que Rousseau donne aux premiers hommes, avec une santé à toute épreuve, une vigueur exceptionnelle ; « car il faut bien se garder de confondre l'homme sauvage avec les hommes que nous avons sous les yeux. » Voyez les animaux, tels que le cheval, le taureau ou l'âne : domestiqués, ils s'abâtardissent ; il en est ainsi de l'homme ; en se civilisant, il devient faible, craintif et rampant. — C'est le contraire qui est la vérité : il ne faut plus aujourd'hui, comme le faisaient jadis les poètes, célébrer l'âge heureux où (c'est un vers de Dryden), « libre de tout frein, courait dans les bois le noble sauvage » ; mais il convient plutôt de s'attrister, avec les modernes sociologues mieux informés, sur cet âge de fer où « privé de toute société (c'est ainsi que parle Bagehot) rampait dans les bois le sauvage tremblant.» Ne savons-nous pas, par expérience, que le sauvage ne fournit pas la moitié du travail que donne normalement l'ouvrier des villes et qu'en conséquence, mal armé et à peine vêtu, l'homme primitif avait peine à se défendre contre des animaux plus forts et plus agiles que lui ? Rien n'est donc moins justifié que le dédain de Rousseau pour les premières inventions de l'industrie humaine : « il est clair que le premier homme qui se fit des habits et un logement se donna des choses peu nécessaires, puisqu'il s'en était passé jusqu'alors ». — Il s'en passait ; mais quand la bise soufflait, il grelottait ; il souffrit moins, du jour où il sut se couvrir d'une peau de bête et s'abriter dans sa hutte de bois ou de pierre.

Jusqu'ici Rousseau s'est surtout occupé de l'*homme physique* « simple machine ingénieuse » ; il va maintenant envisager l'*homme moral* : ce qui le constitue et le distingue des bêtes c'est, dit-il, la liberté qui lui permet, ce que ne peuvent faire les bêtes, de s'écarter des lois prescrites par la nature. Mais quel usage l'homme va-t-il faire de sa liberté ? « Un chat mourrait de faim sur un tas de fruits, quoiqu'il pût très bien se nourrir de cet aliment qu'il dédaigne ; » il ne connaît que la voix de la nature. Nous avons sur ce chat l'avantage suivant : l'homme dissolu se livre (précieux privilèges de l'esprit et de la liberté !) à des excès qui le tuent. — Oui, mais l'homme, qui n'est pas dissolu, se fait une bonne cuisine qui le fait vivre et très agréablement. Si, dès ce premier stade, Rousseau songe à la débauche et non pas simplement à l'art naissant de préparer les mets, c'est parce que, dans les premières conquêtes de l'humanité, il ne veut voir (comme dans son premier Discours) que les abus et les maux dont il faut payer ces conquêtes ; et que progresser, c'est-à-dire, user de notre « esprit », au lieu de nous borner à satisfaire les naturelles exigences de nos « sens », c'est, il le répète, se dépraver. Selon lui ce qui distingue véritablement l'homme de l'animal, ce n'est pas tant l'intelligence que la liberté ; car, après tout, l'animal a des idées et « les combine » ; ainsi fait l'homme ; et, donc, au point de vue de l'entendement, il n'y a, de l'homme à la bête, de différence que du plus ou moins. Vaut-il la peine de faire remarquer à Rousseau qu'un Montesquieu, qui vient de « combiner » après les avoir cherchés tant d'années, les principes des gouvernements et des lois, et un chien qui combine machinalement quelques pauvres semblants d'idées, il y a un peu plus qu'une différence de degré ? Mais pourquoi donc Rousseau tient-il tant à faire de la liberté la seule marque distinctive de l'homme ? pour mieux étaler ensuite le mauvais usage que l'homme va faire de cette liberté qui le soustrait, pour son malheur, à la clairvoyante tutelle de la bonne nature.

Rousseau continue (ou, plus exactement, je continue de résumer Rousseau) : on peut discuter sur la liberté, mais il y a une chose sur laquelle il n'est pas de contestation possible, à savoir :

ce qui distingue très certainement l'homme de la bête, c'est *la perfectibilité*, fruit de la liberté humaine. L'homme peut se modifier ; la bête, non ; elle reste toute sa vie ce qu'elle est en naissant. On va voir à l'œuvre cette précieuse perfectibilité : grâce à elle, l'homme acquiert des lumières et des vices qui le rendent très malheureux et le font retomber plus bas que la bête. « Il serait pourtant affreux, s'écrie Rousseau, de louer comme un être bienfaisant le premier qui suggéra à l'habitant des rives de l'Orénoque l'usage de ces ais qu'on applique sur les tempes des enfants, et qui leur assurent du moins une partie de leur imbécillité et de leur bonheur originel. » Voilà, en effet, une conséquence affreuse, mais tout à fait logique, de sa thèse ; et *il faut* donc regretter de n'être pas né sur ces bords heureux de l'Orénoque, au lendemain du jour où un vrai bienfaiteur de l'humanité inventa ces ais merveilleux, protecteurs de notre ignorance et de notre félicité primitives.

Quand Buffon trace, dans sa septième Époque de la nature (1778), les premiers progrès de l'humanité, je crois bien qu'il songe à l'auteur du Discours sur l'inégalité, tant il prend le contre-pied de toutes les affirmations de Rousseau. Aux thèses de celui-ci, c'est-à-dire, au bonheur des sauvages isolés, à la naissance tardive et funeste de la société, et enfin à la malédiction lancée contre la science, voici le tableau qu'il oppose : « les premiers hommes, témoins des mouvements de la terre encore récents et très fréquents, n'ayant que les montagnes pour asiles contre les inondations, chassés souvent de ces mêmes asiles par le feu des volcans, *tremblants sur une terre qui tremblait sous leurs pieds*, nus d'esprit et de corps, exposés aux injures de tous les éléments, victimes de la fureur des animaux féroces, dont ils ne pouvaient éviter de devenir la proie ; tous également pénétrés du sentiment commun d'une terreur funeste, tous également pressés par la nécessité, n'ont-ils pas *très promptement* cherché à se réunir, d'abord pour se défendre par le nombre, ensuite pour s'aider et travailler de concert à se faire un domicile et des armes ? » Et avec quel enthousiasme et quelle reconnaissance de savant Buffon salue « ce premier peuple de l'Asie digne de tous nos respects, comme créateur des sciences, des arts, de toutes nos institutions utiles ! » et il ajoute aussitôt, comme pour mieux marquer la distance infinie qui le sépare de l'auteur du Discours sur l'inégalité : « ce premier peuple a été très heureux, *puisqu'il* est devenu très savant. » Enfin énumérant les premières conquêtes de la science, il nous montre, avec une légitime fierté, « l'homme se rendant capable de modifier les influences du climat qu'il habite et d'en fixer la température au point qui lui convient, convertissant les déserts en guérets, les bruyères en épis et changeant peu à peu la surface de la terre. » Partout donc, et de plus en plus, l'homme *a ajouté à la nature* et, au lieu de l'en plaindre ou de le maudire, comme fait Rousseau des premiers inventeurs, Buffon admire et bénit le labeur intelligent qui nous a donné le blé : « le grain, dont l'homme fait son pain, n'est point un don de la nature, mais le grand, l'utile fruit de ses recherches et de son intelligence dans le premier des arts ; nulle part sur la terre on n'a trouvé de blé sauvage et c'est évidemment une herbe perfectionnée par ses soins ; il a fallu reconnaître et choisir, entre mille et mille autres, cette herbe précieuse, la semer, la recueillir nombre de fois ; tout nous démontre que c'est la plus heureuse découverte que l'homme ait jamais faite » ; pages touchantes, que je n'ai pu m'empêcher de citer, tant elles s'opposent heureusement aux furieuses déclamations de Rousseau contre les inventeurs « du fer et du blé qui ont perdu le genre humain. »

A l'inverse des philosophes de l'Encyclopédie, pour lesquels la raison sortit, armée de pied en cap, de la tête des premiers hommes qui commencèrent à penser avec les prétendues « lumières naturelles », Rousseau, qui devait écrire, aux débuts de ses Confessions, le mot connu : « Je sentis avant de penser », comprend, mieux que les rationalistes de son temps, la primauté des passions dans la vie et même dans l'intelligence : « c'est par leur activité, dit-il dans son Discours, que notre intelligence se perfectionne ; nous ne cherchons à connaître que parce que nous désirons de jouir et il n'est pas possible de concevoir pourquoi celui qui n'aurait ni désirs ni craintes, se donnerait la peine de raisonner. » Les passions naissent de nos besoins et elles progressent avec nos connaissances ; et le sauvage, qui est si dénué de connaissances, n'a que les passions qui naissent des besoins vraiment naturels. Aussi les seuls biens qu'il connaisse dans l'univers sont « la nourriture, une femelle et le repos ; les seuls maux qu'il craigne sont la douleur et la faim », mais « non pas la mort », car l'animal ne sait pas ce que c'est que mourir. — L'animal, c'est possible, mais l'homme ? et je dis : l'homme le plus près de la nature et le plus primitif qu'on puisse imaginer. Je conçois d'une tout autre manière ses premiers sentiments en présence de la mort : cet être qu'il aimait, avec qui il vivait et jouait naguère, qui a peut-être pansé ses blessures (puisque Rousseau ne refuse pas aux premiers hommes la pitié), cet être qui avait fini comme par faire partie de lui-même, il le voit tout à coup gisant inerte et décoloré ; il l'appelle en vain : il dort, il va sans doute se réveiller ; il essaie de réchauffer ses membres glacés ; son compagnon est muet et sourd ; que s'est-il donc passé ? le sauvage ne comprend pas (comprenons-nous davantage ?) et alors il *réfléchit* sur ce spectacle où se perd son obscure intelligence ; il médite, en un mot, sur la mort, et de cette méditation vont naître les religions et les philosophies. Faites que l'homme ne meure pas et jamais il ne songera à philosopher sur sa destinée et à imaginer des dieux qui protègent les morts et les font revivre ailleurs.

Rousseau est bien forcé de convenir que la connaissance de la mort et de ses terreurs est une des premières acquisitions de l'homme ; cette acquisition, il ne l'a faite, dit-il, qu'en « s'éloignant de la vie animale. » Comme si l'homme avait jamais été un pur animal ! que sa raison ait sommeillé longtemps, il faut bien le croire, mais elle n'est pas née en un jour, le jour où il se serait élevé de l'animalité à l'humanité. La raison humaine est née avec le premier homme et, encore que rudimentaire, elle s'est éveillée et elle s'est exercée dès l'instant que l'homme a promené sur l'univers ses premiers regards, étonnés et interrogateurs. Mais je reprends, avec Rousseau, l'histoire de la primitive humanité.

La prévoyante nature avait tout fait pour assurer à nos premiers ancêtres les bienfaits de l'état sauvage ; pourquoi, en effet, les sauvages de Rousseau désireraient-ils améliorer leur sort ? « leur imagination ne leur peint rien et leur cœur ne leur demande rien. » — Mais alors que font-ils donc de leur imagination ? et, par exemple, quand la nuit s'étend sur la forêt, est-ce que, dans leur veille inquiète, leur imagination n'est pas même capable de leur représenter les mille dangers que recèle pour eux l'obscurité de la nuit ? et ne voient-ils pas, du sein des ténèbres, et avec leur imagination encore, ce soleil qui va se lever et leur apporter, en se montrant, comme aux animaux eux-mêmes, la joie de vivre et de revoir leurs semblables ? et que font-ils donc aussi de leur cœur ? est-ce que leur cœur ne tressaille pas de douleur ou d'allégresse quand ils perdent ou retrouvent les objets ou les êtres familiers qui leur sont devenus si chers ? Sans doute les philosophes du dix-huitième siècle avaient tort de se représenter les premiers hommes trop semblables à eux-mêmes et Rousseau est infiniment plus près de la vérité dans sa peinture de l'humanité primitive ; mais il exagère en sens inverse, et afin d'élargir l'abîme, dont il a besoin pour sa cause, entre le sauvage et le civilisé, il fait du sauvage une brute satisfaite, et satisfaite d'une vie si pauvre, si enfoncée dans l'animalité, qu'on a peine à comprendre comment une brute pareille a pu devenir, même dans la suite des siècles, l'homme que nous connaissons et que nous sommes. Pour passer de cette brute à cet homme il faudrait plus qu'un progrès, même indéfini ; il faudrait une métamorphose et un miracle : aussi Rousseau ne sait-il comment expliquer une aussi étonnante transformation.

Les philosophes mettaient dans le premier homme un Encyclopédiste anticipé, et ils retrouvaient aisément dans cet homme leur philosophie et leur religion, qu'ils appelaient alors naturelles. Rousseau, lui, n'ayant pas même mis dans le premier homme le principe et le commencement des progrès futurs, se demande inquiet, ne sachant que résoudre, si, dans des progrès tels que sont le langage et l'écriture, il n'y aurait pas quelque chose de surnaturel. Comment, par exemple, l'homme est-il arrivé à parler, c'est-à-dire à se faire comprendre de ses semblables ? « qu'on pense, dit Rousseau, aux peines *inconcevables* et au temps infini qu'a dû coûter la première *invention* (?) des langues ; » et il s'enfonce dans l'obscur problème de l'origine du langage. Il y a, dans les pages qu'il consacre à cette question, mainte vue ingénieuse ; mais je ne cherche ici que la *suite* des idées et, dès lors, je m'étonne que Rousseau, parlant de l'art de communiquer ses pensées, l'appelle « un art sublime », alors que cet art va être le premier véhicule de cette civilisation tant abhorrée par lui : il devrait plutôt le maudire, comme il a maudit, dans son premier Discours, l'art de propager les pensées et qu'on appelle l'imprimerie. Tant y a que « cet art sublime » du langage, Rousseau ne sait comment le tirer de l'intelligence rudimentaire de ses premiers humains ; puis, le problème lui paraissant insoluble, il en laisse la discussion à qui voudra l'entreprendre : ce n'était pas la peine de l'aborder, ni surtout d'interrompre, pour un si mince résultat, le cours de ses investigations sur les inégalités sociales (1). De sa dissertation sur le langage il retient toutefois un argument singulier en faveur de sa thèse : si le langage a été si difficile à inventer, c'est parce que la sage Nature voulait, pour notre bien, nous maintenir dans le silence et, par là, nous empêcher de nouer entre nous ces relations funestes qui vont devenir la sociabilité. L'homme, en effet, selon Rousseau, pouvait très bien se passer de son semblable, tout comme les singes et les loups (?) ; « on m'objectera, je le sais bien, que l'homme *seul* eût été misérable ; mais qu'entend-on par ce dernier mot ?... *misérable* implique privation et douleur ; or, l'homme *seul* est libre, son cœur est en

(1) Rousseau reviendra sur cette question de l'origine du langage qui préoccupa beaucoup le dix-huitième siècle, très curieux de rechercher les *origines* de toutes choses, des idées, des religions, de la société, ou, comme dans le Discours même de Rousseau, des inégalités sociales. Rousseau a écrit un *Essai sur l'origine des langues* dont la date est inconnue. M. Lanson (*Grande Encyclopédie*) propose la date de 1749 ; l'Essai est très certainement postérieur, car Rousseau y cite plusieurs fois, et notamment à la fin, la « Grammaire générale et raisonnée de Port Royal » publiée par Duclos : or, cette publication de Duclos est de 1754.

paix, son corps est en santé ; où voyez-vous, je vous prie, qu'il soit misérable ? » — La réponse est trop facile : il ne sera pas, en effet, misérable, ou, du moins, il ne le sera pas longtemps, car il sera mangé par ceux (bêtes ou gens) qui vivent en société.

Dans son panégyrique du sauvage, Rousseau rencontre sur son chemin Hobbes, pour qui l'homme est naturellement méchant ; mais Hobbes, entre autres défauts, n'a pas vu que l'homme a une qualité qui réfute sa doctrine ; cette qualité est *la pitié*. Rousseau reprendra, dans sa Préface, cette idée si importante, de la pitié naturelle à l'homme, et nous verrons alors ce qu'il a su en tirer. Pour le moment, il se contente d'affirmer que la pitié n'est nulle part plus énergique que chez le sauvage ; ici, en effet, nous avons l'animal spectateur s'identifiant pleinement avec l'animal souffrant. En doutez-vous ? Voyez, dit Rousseau, une querelle dans la rue ; qui sépare les combattants ? la canaille, « les femmes de la halle » ; le philosophe, lui, se sauve ; il sait raisonner, il n'aura qu'à s'argumenter un peu pour empêcher la nature, qui se révolte en lui, de l'identifier avec celui qu'on assassine. » — Si Rousseau avait vécu jusqu'à la fin du siècle, il aurait vu que « la canaille » s'entendait très bien à couper les têtes, et il est même fort probable qu'on lui eût coupé la sienne, comme on fit à tant d'autres, qui étaient infiniment plus révolutionnaires que lui. Il aurait constaté, en tous cas, que la pitié, qu'il a d'ailleurs tant de raison d'accorder, même aux premiers hommes, n'est pas l'apanage de « la populace, ni des femmes de la halle » ; car on vit alors ce que savaient faire de simples « tricoteuses » (1).

(1) C'est ici que se place le morceau sur « le philosophe qui se bouche les oreilles pour s'endurcir aux plaintes d'un malheureux ». Ce morceau, Rousseau l'a attribué, dans ses *Confessions*, aux conseils de Diderot et il ajoute, dans une note qui a été souvent reproduite, que c'est Diderot qui a donné à ses écrits, tant qu'il s'est laissé diriger par lui, « ce ton dur et cet air noir ». Il attribue, dit-il encore, « l'humeur noire de Diderot à celle que lui avait laissée le donjon de Vincennes ». Il est possible, mais sur ce point j'ai des doutes que je soumets au lecteur ; quand Rousseau écrivit son Discours, en 1753, il y avait quatre ans que Diderot était sorti, non pas du donjon, mais simplement du château de Vincennes, où il ne resta qu'*un mois et dix jours*, avec la permission de se promener dans le parc et de recevoir qui bon lui

Mais sur cette idée de commisération, — et, à la fois, pour faire valoir son sauvage et pour persifler les philosophes qui font tout dériver de la raison, — Rousseau s'échauffe et il montre triomphalement tout ce que le sauvage en a tiré : des mœurs, des lois et des vertus (toutes choses qu'on croyait, d'après lui-même, être l'œuvre de la société) ; et quelles mœurs bibliques ! « nul sauvage n'est tenté de désobéir à la douce voix de la pitié » ; et la bête de tout à l'heure devient, peu s'en faut, un chérubin. Voyons donc ce que lui dicte cette douce voix : « c'est elle qui détourne tout sauvage robuste d'enlever à un faible enfant ou à vieillard infirme sa subsistance acquise avec peine » ; c'est idéal, mais attendez : « ... si lui-même espère trouver sa subsistance ailleurs. » — Très bien, mais s'il ne la trouve pas? Je crois vraiment que « le faible enfant et le vieillard infirme » sont plus sûrs de manger tranquillement leur soupe dans notre infâme société ; car si la voix impérieuse de la loi, c'est-à-dire du gendarme, a dû se faire entendre dans le monde, c'est apparemment que « la douce voix de la pitié » ne parlait pas assez haut, et cela, quoi qu'en dise Rousseau, dès les commencements du monde ; car cette voix était le plus souvent étouffée, même chez les meilleurs, par la voix, ou plutôt, par le cri de la faim.

Au reste, « ce frein salutaire », c'est ainsi que Rousseau appelle la commisération naissante, devenait bien inutile, car les hommes n'avaient alors entre eux aucune espèce de commerce ; (alors pourquoi leur donner la commisération, s'ils n'en pouvaient rien faire? ou plutôt comment pouvait-elle naître entre eux, s'ils ne se voyaient qu'en passant?) Ils ne connaissaient donc, ne se fréquentant pas, ni l'estime, ni le mépris, ni la vanité (des hom-

semblait, voire sa maîtresse, Mme de Puisieux. Ce n'était pas là une prison bien dure et je ne crois pas que Diderot y eût laissé sa belle humeur. M. Epinas, dans son intéressante étude sur « le système de Rousseau » (*Rev. internation. de l'Enseignement*, 1895) dit que Rousseau « avait raison d'attribuer à sa communauté de pensée passagère avec Diderot », ce ton dur et cet air noir qui règnent dans le Discours sur l'inégalité et il cite, à l'appui de son affirmation, un passage de Diderot qui est bien, en effet, dans « le ton » indiqué : mais ce passage est emprunté au « Supplément au voyage de Bougainville », que Diderot ne devait écrire que très longtemps (1772) après le Discours sur l'inégalité.

mes qui ne connaissent pas la vanité ! ce n'est pas au siècle de La Rochefoucauld, qu'on aurait imaginé, même dans la primitive humanité, des hommes dépourvus d'amour-propre et rien ne montre mieux que cette psychologie naïve de l'homme primitif d'après Rousseau combien la connaissance de l'âme humaine et de ses facultés les plus fondamentales avait baissé d'un siècle à l'autre). D'ailleurs, pour dire que le sauvage n'est pas vaniteux, il faut n'avoir jamais vu un sauvage avec sa figure tatouée, ses plumes dans les cheveux et toute sa parure de carnaval ! Et c'est Rousseau qui parle ainsi, c'est lui qui n'a pas aperçu, dans l'âme primitive, la vanité ! il a oublié, lui qui pourtant ne fait guère que cela, de s'interroger : il aurait trouvé en lui-même, s'il s'était bien regardé, une vanité si formidable et si profondément enracinée, qu'il lui aurait été impossible de concevoir un homme aussi étonnemment contraire à Jean-Jacques Rousseau. Pour ce qui est de « l'estime », elle naît des premiers rapports des hommes entre eux : le plus fort ou le plus adroit devenant bien vite leur chef ; c'est même plus que de l'estime qu'ils ont pour lui, c'est un respect qui tient de la superstition. « Le mépris » enfin ne leur est pas davantage inconnu, puisque c'est le sentiment naturel du fort pour le faible : Rousseau, qui a tant observé les enfants, n'avait ici qu'à se rappeler de quel air, tout naturellement, un enfant en regarde un autre qui est plus chétif, moins bien vêtu, ou seulement plus petit que lui.

Les premiers hommes n'avaient pas la moindre notion du tien et du mien (c'est ce que nous verrons mieux dans la seconde partie du Discours, où Rousseau étudie le droit de propriété), ni aucune véritable idée de la justice (ce que je crois très vrai : cette idée-là vient tard aux hommes, et il en est qui ne l'acquièrent jamais) ; ils ne songeaient pas à la vengeance : c'est ce que dément l'histoire des premiers peuples connus ; et même la vengeance y était sans merci, parce que c'était la tribu tout entière qui vengeait l'insulte faite à l'un de ces membres. Ainsi les hommes vivaient en paix. — Il n'y avait donc point de femmes parmi eux? Je veux dire qu'ils ne connaissaient donc pas la passion de l'amour ? Cette passion, qui met aux prises les animaux eux-mêmes, laissait-elle donc les hommes en repos ? Rousseau distingue, dans l'amour, le physique du moral ; le moral, c'est tout ce qu'y ajoute notre imagination ; c'est, selon lui, un composé de sentiments factices nés dans la vie de société, et inventés d'ailleurs par les femmes pour mieux établir leur empire. Le moral de l'amour était complètement ignoré des premiers hommes, lesquels se contentaient de la première venue : c'est Rousseau qui l'affirme et peut-être cette fois s'est-il trop souvenu de lui-même. Mais admettons l'hypothèse de Rousseau : si les hommes ne connaissent de l'amour que le physique, ils sont alors semblables aux bêtes et qui n'a vu les combats sanglants des mâles pour la possession d'une femelle ? les premiers hommes vont, de même, s'entre-tuer pour la conquête de quelque Hélène préhistorique : pas du tout, et Rousseau, après n'avoir vu dans nos premiers parents que des mâles et des femelles, abonde en dissertations physiologiques pour montrer que tout se passe en douceur dans ces accouplements bestiaux ; adroitement à ces unions éphémères et prétendûment pacifiques il oppose la galanterie et le libertinage contemporains, qu'il trouve, à bon droit, détestables : pourtant le jour est prochain où, à la simplicité « naturelle » de Thérèse, il préférera les charmes « mondains » d'une femme qui est un des ornements de cette société si corrompue ; et Mme d'Houdetot lui fera très aisément faire une infidélité, non seulement à Thérèse, mais à ses vertueux principes sur la galanterie.

Rousseau se résume ainsi : « Concluons donc qu'errant dans les forêts, sans industrie, sans parole, sans domicile, sans guerre et sans liaison, sans nul besoin de ses semblables, comme sans nul désir de leur nuire, peut-être sans jamais en reconnaître aucun individuellement, l'homme sauvage, sujet à peu de passions, et se suffisant à lui-même, n'avait que les sentiments et les lumières propres à cet état ; qu'il ne sentait que ses vrais besoins, ne regardait que ce qu'il croyait avoir intérêt de voir, et que son intelligence ne faisait pas plus de progrès que sa vanité. Si, par hasard, il faisait quelque découverte, il pouvait d'autant moins la communiquer qu'il ne reconnaissait pas même ses enfants. L'art périssait avec l'inventeur. Il n'y avait ni éducation, ni progrès; les générations se multipliaient inutilement; et chacune partant toujours du même point, les siècles s'écoulaient dans toute la grossièreté des premiers âges, l'espèce était déjà vieille, et l'homme restait toujours enfant. » Ce tableau ne manque pas de grandeur, ni même, je crois, d'une certaine vérité et Rousseau a raison ici, il convient de le redire, contre les philosophes de son temps — et contre les poètes de tous les temps — qui ont célébré les délices de l'âge d'or. La vie humaine primitive a dû être singulièrement précaire et se réduire à bien peu de chose: pourtant les premiers hommes étaient-ils vraiment si imbéciles et si grossiers que les dépeint Rousseau ? étaient-ils, par exemple, « sans liaison », et le premier besoin d'un être n'est-il pas de se lier, de s'attacher à un autre être ? et de prétendre que ces pauvres humains vivaient dans une telle nuit morale qu'un père même « ne reconnaissait pas ses enfants », ah ! je ne puis m'empêcher de le dire : une idée pareille ne pouvait venir qu'à l'homme qui avait pu se détacher à tel point des siens qu'il n'avait pas même songé à leur mettre un signe qui pût les faire retrouver un jour; de sorte qu'il se trouvait dans la situation même où il imaginait les premiers hommes : si on lui avait montré ses enfants, il ne les aurait pas « reconnus ».

Ce qui fait, selon Rousseau, qu'il y a très peu d'inégalités entre les premiers hommes, c'est qu'ils n'ont pas besoin les uns des autres, chacun se suffisant à lui-même : il n'y a donc, au fond, ni forts, ni faibles, ou, tout au moins, ni oppresseurs, ni opprimés ; que ferais-je, en effet, de votre soumission? Je n'ai pas besoin de vos services: n'ai-je pas deux bras comme vous? — Très bien, mais tous les bras ne sont pas égaux, et ceux qui ont les plus forts biceps, ou, ce que néglige Rousseau, ceux qui sont les plus malins, commanderont bien vite aux malingres et aux sots ; et voilà des tyrans et des esclaves ! Ainsi inégalité à peine sensible, presque nulle, suivant Rousseau, dans l'état de nature. Sans doute l'homme naturel a reçu en puissance la perfectibilité, mais il n'en a su rien faire. Qu'est-ce donc qui a réveillé l'homme de ce sommeil léthargique? « des circonstances fortuites qui pouvaient ne jamais se produire ». Voyons donc ces « causes étrangères » qui ont fini par tirer l'homme de sa bienheureuse imbécillité. C'est en vain, en effet, que la nature l'avait dressé, le front haut, les yeux au ciel; les premiers hommes avaient, paraît-il, des yeux pour ne rien voir et même des « vertus sociales » pour vivre éternellement étrangers et indifférents les uns aux autres. Quels sont donc ces « hasards » qui ont fondé les sociétés? On ne les peut deviner que par des conjectures; mais les conséquences qui découlent des conjectures de Rousseau ne seront nullement conjecturales (sic), car sur les principes qu'il vient d'établir on ne saurait bâtir un système d'où il ne tire les mêmes conséquences; ces principes sont inébranlables, et la raison, c'est qu'ils sont de Rousseau. Nous n'avons qu'à nous incliner, sauf à lui appliquer les vers de son ami Saint-Lambert, qui disait en riant des Jansénistes :

> Ils ont eu l'art de bien connaître
> L'homme qu'ils ont imaginé.

SECONDE PARTIE

Dans la seconde partie de son Discours, Rousseau va rechercher les origines de la société et il entre en matière par un cri d'une superbe éloquence : « Le premier qui, ayant enclos un terrain s'avisa de dire *ceci est à moi*, et trouva des gens assez simples pour le croire, fut le vrai fondateur de la société civile. Que de crimes, de guerres, de meurtres, que de misères et d'horreurs n'eût point épargnés au genre humain celui qui, arrachant les pieux ou comblant le fossé, eût crié à ses semblables : « Gardez-vous d'écouter cet imposteur; vous êtes perdus si vous oubliez *que les fruits sont à tous et que la terre n'est à personne !* »

Mais l'idée de propriété n'est que le dernier terme de l'état de nature ; il y a eu, avant l'établissement de la propriété, bien des progrès qu'il importe de résumer et, pour bien montrer la suite des évènements et la succession des connaissances qui ont dû nécessairement précéder l'idée même de propriété, il faut suivre la vie du sauvage jusqu'au jour où elle aboutit à la vie sociale. Dans sa première partie, Rousseau s'est plu à décrire l'état de nature comme un état durable et fixe ; dès le début de sa seconde partie, il nous présente l'état de nature en mouvement et se modifiant avec le temps ; car il se rend compte que cet état ne peut être immuable, l'homme se trouvant sans cesse aux prises avec des difficultés qu'il lui faut vaincre à tout prix, s'il veut vivre. Voici d'abord les obstacles opposés par la nature elle-même, qui maintenant apparaît à Rousseau moins bonne mère et moins bonne nourrice. Les arbres sont hauts : comment atteindre à leurs fruits ? et il y a ensuite la concurrence des animaux qui disputent à l'homme les fruits de la terre ; il y en a même (ils cachaient donc leur jeu ?) qui en veulent à sa propre vie ; comment l'homme va-t-il triompher de ces obstacles et de ces ennemis ? les pierres et les branches d'arbres sont sous sa main : il s'en fera des instruments et des armes.

Et voici maintenant la diversité des climats, des saisons, des terrains, qui oblige les hommes à varier leur genre de vie et à déployer toute leur industrie. Le long des rivières, ils inventent la ligne et l'hameçon et deviennent pêcheurs et ichthyophages ; dans les forêts, ils se fabriquent des arcs et des flèches et se font chasseurs et guerriers ; enfin ils découvrent le feu et peuvent faire cuire les viandes et se réchauffer en hiver. Peu à peu des comparaisons s'établissent dans l'esprit du sauvage entre lui et les autres êtres ; il comprend vaguement que les uns sont plus faibles, plus petits ou plus lents que les autres, et toutes ces réflexions ébauchées font naître en lui une prudence machinale qui lui indique les précautions les plus nécessaires à sa sûreté : « les nouvelles lumières qui résultèrent de ce développement augmentèrent sa supériorité sur les animaux *en la lui faisant connaître.* » Cette deuxième partie du Discours, comme la première du reste, abonde en vues justes et en fines remarques ; mais tout cela est épars et infécond ; car Rousseau ne sait rien tirer de ses idées les plus ingénieuses et les plus vraies. C'est ainsi, on l'a vu, que dans la première partie, ayant mis dans l'homme primitif, non pas, comme le faisaient les Encyclopédistes, un mobile unique, l'égoïsme, mais un second qui contrebalance le premier, la pitié, il ne sait pas déduire de ce second principe d'action les conséquences infinies auxquelles il conduisait naturellement ; il va même l'oublier en route. L'homme donc, à mesure qu'il progresse, s'aperçoit de sa supériorité sur les animaux et son premier mouvement est un mouvement d'orgueil : orgueil bien naturel, puisqu'il est fondé ; mais Rousseau n'y voit, avec la vanité, que le point de départ de la domination prochaine des forts sur les faibles et nous allons donc commencer à nous gâter. Bientôt le sauvage est « instruit par l'expérience que l'amour du bien-être est le *seul* mobile des actions humaines (l'homme n'est donc plus altruiste comme dans la première partie ; il n'est ici qu'un vulgaire égoïste ; a-t-il donc, dans sa marche en avant, laissé en chemin la pitié, comme trop lourde à un piéton ?). Il s'aperçoit, sans doute, qu'il peut compter sur ses semblables dans quelques rares occasions : mais c'est seulement quand leur intérêt s'accorde avec le sien ; dans ce cas, il s'unit à eux pour autant que dure le besoin passager qu'ils ont les uns des autres ; c'est la première idée des engagements mutuels, formés et maintenus seulement par l'intérêt présent et sensible ; dès que cet intérêt s'évanouit, « le troupeau » se disperse. Et cependant l'humanité continue de progresser : « bientôt, cessant de dormir sous le premier arbre, ou de se retirer dans les cavernes, on construit des huttes de branchages qu'on s'avise d'enduire d'argile et de boue » ; et c'est là, avec la distinction des familles, une première forme de la propriété. D'ailleurs si l'on ne cherche pas à s'approprier la cabane du voisin, c'est uniquement « parce qu'on ne peut s'en emparer sans un combat très vif avec la famille qui l'occupe ». Quant à imaginer que le chef de famille a un droit quelconque sur sa cabane, que cette cabane doit lui appartenir, puisqu'il a pris la peine de la construire, c'est, paraît-il, une idée qui ne vient alors à personne.

A se grouper dans une même cabane, on se rapproche et on s'aime ; on s'entraide, ce qui est un bien ; mais l'aide qu'on trouve en autrui dispense de certains efforts, procuredu loisir, et ce loisir, les hommes l'emploient bêtement à « se procurer toutes sortes de commodités inconnues à leurs pères. » C'est le premier joug qu'ils s'imposent, sans y songer, et la première source des maux qu'ils préparent à leurs descendants; car ils s'amollissent eux-mêmes ; ces commodités de la vie, elles perdront bien vite, à l'usage, tout leur agrément et « l'on sera malheureux de les perdre, sans être heureux de les posséder ». Mais voici que tout va changer de face : les hommes, jusque-là errant isolés dans les bois, s'assemblent et se fixent dans certaines contrées, et les nations commencent à naître. Les familles, par le voisinage permanent, se lient les unes aux autres; « à force de se voir, on ne peut plus se passer de se voir encore ». Succédant au pur besoin physique qui, jusque-là avait, en des rencontres fortuites, accouplé les sexes différents, l'amour naît enfin dans les cœurs; mais Rousseau se hâte de montrer de quel prix l'homme va payer l'acquisition de ce sentiment redoutable : « la jalousie s'éveille avec l'amour ; la discorde triomphe et la plus douce des passions reçoit des sacrifices de sang humain ». Rousseau tient, on le voit, à son idée, très naïve, que, dans les unions rapides et sans lendemain des êtres primitifs, tout se passait en douceur.

Le genre humain continue à s'apprivoiser, c'est-à-dire à se corrompre : parmi ces voisins, qui prennent l'habitude de se réunir devant les cabanes ou autour d'un grand arbre, les uns chantent et dansent mieux que les autres, ou parlent mieux, ou sautent plus loin : « C'est le premier pas vers l'inégalité, et vers le vice » en même temps ; car d'être et de se sentir plus considéré que le voisin, cela fait naître la vanité d'un côté et, de l'autre, la honte et l'envie. De là naquirent les premiers devoirs de la société ; car celui qui se croit outragé volontairement voit, dans l'outrage, le mépris de sa personne et cet outrage, il le punit selon le degré d'*estime* qu'il a pour sa propre personne, c'est dire que sa vengeance sera terrible ; et ainsi les hommes deviennent, par ce premier essai de sociabilité, cruels et sanguinaires. Les sauvages actuels en sont là : c'est faute d'avoir remarqué combien ils sont déjà loin du premier état de nature, qu'on a calomnié l'homme naturel ; rien n'est si doux en réalité que l'homme dans son état vraiment primitif.

Pour Rousseau, il y a un moment où l'homme est tout ce que la nature veut qu'il soit pour son plus grand bonheur : c'est le moment où il est placé « à égale distance de la stupidité des brutes et des lumières de l'homme civil. » Il n'est plus alors une bête et n'est pas encore un citoyen ; et « ce période de notre développement dut être l'époque la plus heureuse et la plus durable. » Cette époque est, pour nous qui l'avons, hélas! dépassée, à jamais regrettable ; car c'est la demi-civilisation des sauvages et l'exemple de ceux-ci, qu'on a presque tous trouvés à ce point de la civilisation, semble confirmer que le genre humain était fait pour s'en tenir là. C'est sans doute parce que vous êtes trop corrompus et trop vieux que vous ne savez pas apprécier les beautés de la vie sauvage, ni seulement imaginer « cette véritable jeunesse du monde. » Rousseau la comprend, lui, et il la raconte même comme s'il l'avait vécue et, dans toutes ses œuvres, il sera inconsolable de l'avoir perdue. Car, remarquez-le, si l'homme est sorti de cet état bienheureux que lui avait ménagé la prévoyante nature, ce n'est pas du tout par le développement normal de ses facultés, mais par l'effet de « quelque funeste hasard qui, pour l'utilité commune, eût dû ne jamais arriver. » Ne nous attardons pas à démontrer que la civilisation n'est pas née d'un hasard et relevons ici une idée juste et une phrase superbe. L'idée juste (que j'exprime un peu autrement que n'a fait Rousseau, mais l'idée est sienne), c'est qu'un grand changement se produisit le jour où l'homme ne fit plus tout seul les choses dont il avait besoin pour vivre, et inventa des arts qui nécessitaient le concours de plusieurs ouvriers ; il se rendit par là dépendant d'autrui ; et voici une magnifique période, où se trouve une part de vérité, car un surplus de civilisation s'accompagne toujours d'un surcroît de souffrance : « Dès l'instant qu'un homme eut besoin du secours d'un autre, dès qu'on s'aperçut qu'il était utile à un seul d'avoir des provisions pour deux, l'égalité disparut, la propriété s'introduisit, le travail devint nécessaire, et les vastes forêts se changèrent en des campagnes riantes qu'il fallut arroser de la sueur des hommes, et dans lesquelles on vit bientôt l'esclavage et la misère germer et croître avec les moissons. » Voilà certes, et j'y reviendrai, de la grande éloquence, mais il me faut suivre pas à pas, avec Rousseau, l'évolution de l'humanité.

La métallurgie et l'agriculture sont les deux arts qui produisirent cette grande révolution ; car ce sont le fer et le blé qui, en civilisant les hommes, ont perdu le genre humain. Du travail de la terre naquit la propriété, puisque c'est « le travail seul qui, donnant *droit* au cultivareur sur le produit de la terre qu'il a labourée, lui en donne par conséquent sur le fond, au moins jusqu'à la récolte, et ainsi d'année en année ; ce qui, faisant une possession continue, se transforme en propriété. » Les terres partagées et, sans doute, également partagées à l'origine, furent inégalement cultivées par leurs possesseurs, ceux-ci étant plus forts ou plus adroits les uns que les autres ; et de là vint l'inégalité des fortunes et tous les maux qui sont inséparables de cette inégalité. On se crée alors de nouveaux besoins et, par là, on s'assujettit à toute la nature, et ce qui est plus fâcheux encore, à ses semblables, dont on devient l'esclave, même en devenant leur maître : le riche n'a-t-il pas besoin des services du pauvre et comment le pauvre se passerait-il des secours du riche? Le pauvre se fera donc, pour capter ces secours, « fourbe et artificieux »; il voudra devenir riche à son tour, dût-il faire son profit aux dépens d'autrui, et « tous ces maux sont le premier effet de la propriété et le cortège inséparable de l'inégalité naissante. » L'inégalité a vraiment un bien triste cortège; remarquons seulement qu'il est incomplet, puisque Rousseau a oublié, à côté des maux, en effet inévitables, de faire figurer les biens, non moins certains, qui découlent de la propriété et de la civilisation.

Si la pauvreté a été l'ouvrière des vices signalés plus haut, nous devinons quels vont être, sous la plume de Rousseau, les méfaits de la richesse : les riches ne songent qu'à subjuguer et asservir leurs voisins, « semblables à ces loups affamés qui, ayant une fois goûté de la chair humaine, rebutent toute autre nourriture et ne veulent plus que dévorer les hommes. » On peut dire ici de Rousseau que sa haine l'affole; car il fait même, sans y prendre garde, les riches plus méchants que les loups : si les loups mangent les hommes, on dit du moins qu'ils ne se mangent pas entre eux. L'inégalité, une fois installée au milieu des hommes, s'accroît sans cesse par les abus de la force et « par les brigandages des pauvres », aussi bien que « par les usurpations des riches » ; à sa suite, l'ambition et l'avarice s'emparent des cœurs et, à peine née, la société est en proie à d'horribles guerres. La *pitié* était née avec les premiers hommes et la *justice* avait commencé, dans la jeunesse de l'humanité, à faire entendre sa voix encore faible ; mais maintenant il n'y a plus ni pitié, ni justice, et il semble que, devenue si misérable par sa faute, l'humanité va périr : « Le genre humain, avili et désolé, ne pouvant plus retourner sur ses pas, ni renoncer aux acquisitions malheureuses qu'il avait faites, et ne travaillant qu'à sa honte, par l'abus des facultés qui l'honorent, se mit lui-même à la veille de sa ruine ». La situation, en effet, paraît inextricable : les riches ne peuvent défendre que par la force des usurpations dues à la force seule, et les pauvres eux-mêmes, devenus propriétaires par leur industrie, ne peuvent pas fonder sur de meilleurs titres leur propriété. Le travail pourtant, d'après Rousseau lui-même, semblait avoir créé le droit de propriété ; mais ce n'était qu'une illusion, car on peut, paraît-il, toujours dire au travailleur : pourquoi vous payez-vous, à nos dépens, d'un travail dont on ne vous a pas chargé? « Ignorez-vous qu'une multitude de vos frères périt ou souffre du besoin de ce que vous avez de trop et qu'il vous fallait un consentement *exprès et unanime* du genre humain pour vous approprier, sur la substance commune, tout ce qui allait au-delà de la vôtre ? »

Voilà ce que dit « le droit naturel », que Rousseau d'ailleurs n'a garde de définir, ce qui lui permet de le faire parler comme il veut. Mais s'il faut que personne n'ait besoin de ce que je possède et si je ne puis posséder sans la permission du genre humain, on peut alors me disputer la moindre motte de terre et il n'est pas étonnant qu'arrivés à ce stade de leur développement, les hommes passent leur temps à se battre. Il faut vivre pourtant et, pour cela, commencer par déposer les armes. Mais comment les malheureux mortels se mettront-ils en paix ? Ce sera, ressource bien imprévue, en consacrant et en affermissant cette inégalité même qui était cause de tous leurs maux. J'essaie, ne pouvant être aussi éloquent, d'être plus clair et plus précis que n'a été Rousseau dans toute la seconde partie de son Discours. Si je comprends bien toute cette histoire partiale de l'humanité écrite par un pauvre haineux, c'est à un plan machiavélique des riches qu'est due l'institution d'un gouvernement reconnu de tous, où tous crurent trouver leur intérêt, puisqu'il assurait la paix, mais où quelques uns seulement, les riches, trouvèrent leur profit, puisqu'il assurait leurs usurpations. Unissons-nous, dirent les riches aux pauvres, pour protéger nos personnes et nos biens ; et nos forces, au lieu de les tourner contre nous-mêmes, « rassemblons-les en un pouvoir suprême qui nous gouverne tous selon de sages lois ». Les habiles et les ambitieux se joignirent aux riches avec l'espoir de trouver un protecteur dans le maître ; les naïfs crurent aisément à la nécessité d'un arbitre pour régler leurs perpétuelles querelles, et ainsi : « tous coururent au devant de leurs fers, croyant assurer leur liberté » et leur repos. Ainsi fut scellé à jamais l'asservissement du genre humain ; car la multitude des faibles ayant volontairement signé ce pacte de dupes avec une poignée d'astucieux et de forts, la société fut fondée sur des bases inébranlables, puisqu'elle reposait sur le consentement universel.

J'ai précisé de mon mieux la pensée, parfois confuse, de Rousseau ; je ne crois pas l'avoir faussée ; car, arrivé à cette conclusion de ses développements et à cet aboutissement suprême de tous les progrès antérieurs, Rousseau s'exprime ainsi : « telle fut ou dut être l'origine de la société et des lois, qui donnèrent de nouvelles entraves au faible et de nouvelles forces au riche, détruisirent sans retour la liberté naturelle, fixèrent pour jamais la loi de la propriété et de l'inégalité, d'une adroite usurpation firent un droit irrévocable et, pour le profit de quelques ambitieux, assujettirent désormais tout le genre humain au travail, à la servitude et à la misère. » La loi civile dès lors détrône peu à peu sur toute la terre la loi naturelle ; dès qu'une société est fondée quelque part, il s'en fonde partout, car « pour faire tête à des forces unies, il faut bien s'unir à son tour. » Pourtant de société à société, et faute d'entente internationale, règne encore la loi de nature, qu'on transforme en un vague droit des gens pour rendre possible le commerce des divers États. Mais ce commerce est sans cesse troublé, parce que les États « se ressentirent bientôt des inconvénients qui avaient jadis forcé les particuliers de sortir de l'état de nature ; les nations se firent donc la guerre » et de là naquirent... : sans doute ces vertus guerrières tant célébrées naguère et si amèrement regrettées par l'auteur du *Discours sur les lettres et les arts*, ces vertus qui faisaient alors de la belliqueuse Sparte une « cité de demi-dieux » et sans lesquelles s'éteignait dans les âmes « l'amour de la patrie », — Non, Rousseau tient aujourd'hui un autre langage : « de là naquirent, dit-il, les *guerres nationales*, les batailles, les meurtres qui font frémir la nature et choquent la raison et tous *ces préjugés horribles* qui placent au rang des vertus l'honneur de répandre le sang humain » — Pourtant, si l'on se bat pour la patrie ? et n'est-ce pas en invoquant la patrie que dans le *Discours sur les lettres*, « la grande âme de Fabricius » reprochait aux Romains de ne plus verser leur sang généreux sur les champs de la Grèce et de l'Asie ? Rousseau oublie sa belle prosopopée, il oublie même ses chers héros de Plutarque qui sont pourtant de grands patriotes ; mais ses héros à cette heure sont des « sans-patrie » ; qu'on l'écoute lui-même : la commisération naturelle revit encore « dans quelques grandes âmes *cosmopolites* qui franchissent les barrières *imaginaires* qui séparent les peuples et qui, *à l'exemple de l'Être souverain* qui les a créées, embrassent tout le genre humain dans leur bienveillance. » Comment donc expliquer ce changement, ou plutôt cette contradiction flagrante, entre le premier et le second Discours de Rousseau ? — tout simplement par ceci : l'avocat plaide une autre cause. Il s'agissait, dans le premier Discours, de discréditer les sciences et les arts et tout était bon pour prouver leurs effets funestes ; voyez : ils amollissent les âmes, ils étouffent en elles les vertus guerrières et l'amour de la patrie. Mais il s'agit maintenant de tout autre chose : il s'agit de maudire l'esprit de société qui fonde les nations et met entre elles ces frontières que défendaient jadis (et comme on les en louait !) les Fabricius et les Scipion, mais qui ne sont plus maintenant, la cause étant autre, que des « barrières imaginaires » ; et dès lors qu'on ne nous parle plus de Sparte et de Rome, ni de leurs erreurs sanguinaires ; n'est-ce pas chez elles (et je cite le second Discours) que « les plus honnêtes gens apprirent à compter parmi leurs devoirs celui d'égorger leurs semblables ? » On comprend pourquoi j'ai rapproché ici le second Discours du premier : Rousseau ne songe jamais qu'à la thèse qu'il soutient ; il en poursuit aveuglément toutes les conséquences logiques, surtout si elles sont émouvantes ; plus tard, et sous le coup des objections, il se ressaisit et raccorde comme il peut ses prouesses dialectiques. Eblouir avant tout, et s'éblouir tout le premier, des feux de son éloquence ; puis, le feu d'artifice tiré, c'est-à-dire l'effet produit (et il faut qu'il soit foudroyant, fût-il d'ailleurs contraire à l'effet d'un précédent Discours), ramasser tous les traits épars et discordants, et, à force d'ingéniosité et de subtilité, les rassembler en un faisceau adroitement lié, pour présenter finalement au monde un système soi-disant formé et arrêté de longue date : telle sera, et nous le verrons mieux par la suite, la très habile et très peu loyale tactique de Rousseau. Sans aucun doute, il a deux idées fixes dont il ne démord jamais : la nature est bonne et la société mauvaise ; mais comme il ne sait pas bien ce que c'est au juste que la nature, il ne peut faire nettement le départ de ce qui est naturel et de ce qui ne l'est pas ; aussi le voyons-nous ici faire honneur à la société de ce qu'on peut tout aussi bien attribuer à la nature, et inversement. Quant à la société elle-même, il en a une notion si peu précise qu'il flétrit dans son second Discours ce qu'il a exalté dans le premier, à savoir le patriotisme qui fonde et soutient ces sociétés particulières qu'on nomme des nations. Et ce changement de front d'un Discours à l'autre, non pas, si l'on veut, sur les principes (la nature est et sera toujours bonne et la société toujours mauvaise), mais *sur ce* qu'il convient de trouver bon dans la nature et mauvais dans la société, ne peut s'expliquer que par les besoins de la thèse nouvelle à prouver, par les entraînements de l'éloquence et par ce que j'appellerai *la logique intermittente* de Rousseau. Sans être toujours conséquent avec lui-même (et je ne lui reproche pas de ne pas l'être toujours, mais je dis qu'il se vante à tort de toujours l'être), il le sera, pour ainsi dire, de livre en livre, et seulement avec les idées maîtresses du livre nouveau. L'unité de son œuvre n'en sera pas complètement détruite ; mais elle sera moins dans des idées qui s'enchaînent que dans deux sentiments qui s'appellent et se fortifient l'un l'autre : l'amour mystique de la nature, d'une nature qu'on aime d'autant plus qu'on la définit moins ; la haine invétérée du riche, et de la société qui n'est faite que pour les riches ; ajoutez toutes les passions secondaires qui résultent de ces deux inclinations primordiales, aussi fortes et aussi enracinées l'une que l'autre. Il y aura donc, dans cette œuvre, *unité d'inspiration*, parce que c'est, en définitive, l'âme passionnée de Rousseau qui l'inspirera tout entière.

Quelle fut la forme du « gouvernement naissant » ? indécise au début (car l'état politique était presque l'ouvrage du *hasard*), et pleine d'imperfections auxquelles on remédiait tant bien que mal, à mesure que les révélait l'expérience ; en somme, une constitution, faite ainsi au jour le jour pour répondre aux exigences incessantes d'une société en développement ne pouvait être qu'une constitution détestable, *puisqu'elle était l'œuvre du temps*. Ce qu'il aurait fallu, c'était d'abord « nettoyer l'aire » et ensuite, comme fit Lycurgue à Sparte, élever avec des matériaux neufs un bon édifice. On reconnaît là la chimère qui a hanté plus ou moins tous les philosophes du dix-huitième siècle : abolir le passé et fonder sur la raison une société nouvelle. C'est ce que prétendront faire leurs disciples plus ou moins intelligents, quand ils aboliront l'ancien régime : seulement pour construire leur nouvel édifice, ils ramasseront la plupart des matériaux dont ils auront jonché le sol. — Le plus grand vice du gouvernement naissant, c'est « la facilité qu'avaient les infracteurs d'éviter la conviction et le châtiment des fautes dont le *public seul* devait être le témoin et le juge. » Ainsi le peuple s'est montré, à l'origine, incapable de se gouverner lui-même et c'est Rousseau qui nous l'apprend : voilà une constatation qu'il conviendra peut-être de rappeler plus tard à l'auteur du *Contrat social*. Pour faire cesser les désordres nés de cet éparpillement de l'autorité, on concentra celle-ci en quelques mains et l'on créa des magistrats pour faire respecter les délibérations du peuple. Mais qu'on ne l'oublie pas : si les peuples se sont donné des chefs, ce n'est pas pour le plaisir d'obéir à des maîtres, ce n'est pas par goût de la servitude, c'est « pour défendre leur liberté. » Ne jugez pas des premiers hommes d'après les esclaves que vous avez sous vos yeux dans vos cités asservies. Dans ces sociétés primitives, les peuples n'étaient pas encore

> Courbés comme un cheval qui sent venir son maître.

C'est par une image poétique de ce genre que Rousseau, poète lui aussi, oppose l'homme barbare et libre à l'esclave civilisé : « Comme un coursier indompté hérisse ses crins, frappe la terre du pied et se débat impétueusement à la seule approche du mors, tandis qu'un cheval dressé souffre patiemment la verge et l'éperon, l'homme barbare ne plie point sa tête au joug que l'homme civilisé porte sans murmure et il préfère la plus orageuse liberté à un assujettissement tranquille. » La phrase et j'allais dire : la strophe est vibrante et, pour en faire de plus belles sur cette même image, Victor Hugo et Barbier n'auront qu'à trouver des rimes.

Le despotisme ne saurait, comme on l'a prétendu, dériver de l'autorité paternelle, si douce par nature ; et d'ailleurs, n'est-ce pas de la société civile que dérive cette autorité elle-même, bien loin d'en être la source, comme on l'a aussi prétendu à tort. Et le despotisme n'est pas davantage le gouvernement originaire que se sont donné les hommes ; car ce gouvernement est la loi du plus fort, et c'est précisément contre les criants abus de cette loi tyrannique qu'on cherchait un refuge dans le gouvernement. Et quand même le pouvoir arbitraire aurait été le premier pouvoir connu, il ne pourrait servir de fondement à la société, car il est par essence illégitime. L'établissement d'un corps politique étant *un contrat* entre le peuple et ses chefs, le peuple ne peut, même par contrat, aliéner sa liberté dans les mains d'un despote ; car les parents, en admettant qu'ils puissent se dépouiller eux-mêmes de ce bien suprême, la liberté, n'ont pas le droit d'en dépouiller leurs enfants et le contrat ne lierait donc plus les générations nouvelles. (On voit dans tout ceci le germe du *Contrat social*). Mais les contractants eux-mêmes, soit le peuple et les magistrats, n'ont-ils pas toujours le droit de révoquer à leur fantaisie le contrat conclu d'un commun accord ? et dès lors nous allons retomber dans le désordre et l'anarchie. Heureusement la volonté divine intervient ici pour donner à l'autorité souveraine un caractère sacré et inviolable qui ôte aux sujets le funeste droit de déchirer le contrat.

Le gouvernement fut monarchique, aristocratique ou démocratique « suivant les différences plus ou moins grandes qui se trouvèrent entre les particuliers au moment de son institution ». Par exemple, si un seul était beaucoup plus puissant que tous, il était seul chef ou monarque, et ainsi de suite. Et naturellement les gouvernements, une fois fondés, consacraient et aggravaient les inégalités sociales qui leur avaient donné naissance. Et voici comment Rousseau résume les progrès de l'inégalité dans ces différentes révolutions : « L'établissement de la loi et du droit de propriété fut son premier terme ; l'institution de la magistrature le second ; le troisième et dernier fut le changement du pouvoir légitime en pouvoir arbitraire ; en sorte que l'état de riche et de pauvre fut autorisé par la première époque ; celui de puissant et de faible par la seconde, et par la troisième celui de maître et d'esclave, qui est le dernier degré de l'inégalité et le terme auquel aboutissent enfin tous les autres ». Ce progrès vers l'esclavage est fatal, car les vices, qui ont rendu nécessaires les institutions sociales, vont en rendre l'abus inévitable et ces vices sont toujours l'ambition, la vanité, la soif des distinctions. Si Rousseau pouvait entrer ici dans les détails, il montrerait aisément, dit-il, que les quatre inégalités principales (de richesse, de rang, de puissance et de mérite personnel) vont se multipliant sans cesse et multipliant autour d'elles les passions mauvaises, les rivalités et les catastrophes. « C'est du sein de ce désordre et de ces révolutions que le despotisme, élevant par degrés sa tête hideuse et dévorant tout ce qu'il aperçoit de bon et de sain dans toutes les parties de l'État, parvient enfin à fouler aux pieds les lois et le peuple, et à s'établir sur les ruines de la République... ».

C'est ici le dernier terme de l'inégalité et le point extrême qui ferme le cercle et touche au point de départ, tous les citoyens devenant égaux dans la servitude ; nous retombons même ici dans l'état de nature, puisque le despote n'est le maître qu'autant qu'il est le plus fort. Seulement, nous n'empruntons ici à la nature que ce qu'elle a de plus mauvais, le droit du plus fort ; pour tout le reste, nous sommes aussi éloignés que possible de la nature, puisque chaque pas en avant nous en a écartés et nous arrivons, en fin de compte, à ce résultat suprême et lamentable : « L'homme originel s'étant évanoui par degrés, la société n'offre plus qu'un assemblage d'hommes artificiels et de passions factices qui n'ont aucun vrai fondement dans la nature ». Pour montrer à quel point nous sommes dégénérés, Rousseau nous fait voir combien est enviable le sort d'un Caraïbe, et misérable le sort d'un civilisé ; et voilà ce qu'on gagne à vouloir « se distinguer » !

Rousseau conclut, et sa conclusion est à citer parce qu'on y voit, d'une part, que, si sa pensée manque de précision et de clarté, quand il s'agit de définir la propriété et le droit positif, elle est au contraire d'une clarté lumineuse, accompagnée d'éclairs et de tonnerres, dès qu'il s'agit d'anathématiser les puissants et les riches : « Il suit de cet exposé que l'inégalité, étant presque nulle dans l'état de nature, tire sa force et son accroissement du développement de nos facultés et des progrès de l'esprit humain et devient enfin stable et légitime par l'établissement de la propriété et des lois. Il suit encore que l'inégalité morale, autorisée par le seul droit positif, est contraire au droit naturel, toutes les fois qu'elle ne concourt pas, en même proportion, avec l'inégalité physique ; distinction qui détermine suffisamment ce qu'on doit penser à cet égard de la sorte d'inégalité qui règne parmi tous les peuples policés, puisqu'il est *manifestement contre la loi de nature, de quelque manière qu'on la définisse, qu'un enfant commande à un vieillard, qu'un imbécile conduise un homme sage, et qu'une poignée de gens regorge de superflu, tandis que la multitude affamée manque du nécessaire* ».

Si j'essaie de dégager la pensée de Rousseau et aussi, tenant compte de sa *Préface*, de juger sa *méthode*, voici ce que je trouve : Le droit naturel est fondé sur la nature de l'homme, mais quelle est cette nature, ou, en d'autres termes, qu'a été l'homme naturel? Il est impossible de retrouver celui-ci, la société l'a trop déformé et défiguré ; qu'on lise cette belle comparaison : « semblable à la statue de Glaucus, que le temps, la mer et les orages avaient tellement défigurée qu'elle ressemblait moins à un dieu qu'à une bête féroce, l'âme humaine, altérée au sein de la société par mille causes sans cesse renaissantes, par l'acquisition d'une multitude de connaissances et d'erreurs, par les changements arrivés à la constitution des corps et par le choc continuel des passions, a, pour ainsi dire, changé d'apparence au point d'être méconnaissable, et l'on n'y retrouve plus, au lieu d'un être agissant toujours par des principes certains et invariables, au lieu de cette céleste et majestueuse simplicité dont son auteur l'avait empreinte, que le difforme contraste de la passion qui croit raisonner et de l'entendement en délire ».

Il faut bien pourtant se faire une idée de l'homme naturel, c'est-à-dire de l'homme tel qu'il *doit* être de par sa nature même ; car, pour juger de ce que vaut l'homme social, il faut pouvoir le confronter avec l'homme naturel, la société, encore une fois, n'étant *légitime* que si elle est conforme à la nature ou, ce qui revient au même, au droit naturel. Puisqu'*on ne peut pas se passer*, si l'on veut aboutir, de poser en principe ce que fut l'homme de la nature et que cet homme nous est d'ailleurs inconnu, eh bien ! imaginons-le, non pas au hasard, arbitrairement, mais en partant des données primordiales de la conscience, « en méditant sur les premières et plus simples opérations de l'âme humaine » ; et sur ces bases, vraiment *naturelles*, construisons l'homme originel et, de ses vrais besoins nous déduirons ses droits et ses devoirs. Pour savoir alors si les droits et les devoirs, fondés plus tard par la société avec les inégalités qui en découlent, sont *légitimes*, nous n'aurons qu'à comparer ces droits et ces devoirs sociaux avec les droits et les devoirs naturels que nous venons d'établir. « Laissant donc tous les livres scientifiques, qui ne nous apprennent qu'à voir les hommes tels qu'ils se sont faits, et méditant sur les *premières* et plus simples opérations de l'âme humaine, j'y crois apercevoir *deux* principes, antérieurs à la raison, dont l'un nous intéresse ardemment à notre bien-être et à la conservation de nous-mêmes, et l'autre nous inspire une répugnance *naturelle* à voir périr ou souffrir... nos semblables. » Et ailleurs : « il est bien certain que la *pitié* est un *sentiment naturel* ».

Qu'on me permette d'intercaler ici une réflexion : « la pitié personnelle », c'est-à-dire : se mettre à la place du *malheureux* et sympathiser avec lui ; plaindre le *faible* et lui tendre la main et arriver ainsi, par une pente *toute naturelle*, à aimer ce malheureux et ce faible et à rechercher leur *société*, rien ne nous attachant plus aux autres que nos bienfaits ; et enfin, la pitié achevant son œuvre, assurer à ce *faible* une protection *contre le fort* : voilà, à mon sens, tout ce que Rousseau pouvait et devait déduire de cette pitié qu'il appelle lui-même « un pur mouvement de la nature » ; cela revient à dire qu'il pouvait, s'il n'avait pas raisonné de parti pris, fonder sur la *nature* même la *société* et le *droit* ; car en somme, la société, c'est avant tout le besoin *naturel* que nous avons des autres, et je ne dis pas seulement de l'assistance, mais de l'affection, de l'amitié des autres ; et le *droit* n'est, à l'origine, et même dans son fond, et, s'il doit servir à quelque chose, il ne peut être, que le droit *du faible contre le fort*. Mais toute cette déduction était trop contraire au but de l'auteur et l'eût empêché, par exemple, de maudire congrûment, dans sa seconde partie, la société ; et il ne tire de cette belle idée, jetée en passant, de la pitié naturelle, c'est-à-dire de l'altruisme, que l'occasion de faire valoir les sauvages : il nous les montre très accessibles à la pitié, tandis que les civilisés ont été endurcis pendant des siècles ; et par quoi ? par cela même qui, selon moi, aurait dû, au contraire, fortifier en eux « l'amitié » naturelle : par la fréquentation assidue de leurs semblables ! (1)

Je reviens à *la méthode* de Rousseau : tout cela, état de nature, homme originel, ce sont de pures hypothèses. Rousseau en convient parfaitement : ne prenez mes recherches « que pour des raisonnements hypothétiques et conditionnels ». Seulement, chemin faisant, il nous les donne bel et bien pour des vérités historiques : « ô homme, voici ton histoire » ; et il y a là, quoi qu'il ait essayé d'invoquer après coup pour sa défense, une ambiguïté fondamentale qui vicie tout son Discours. Comment expliquer cette faute initiale ? Pourquoi, connaissant très bien la fragilité de ses constructions, se donne-t-il l'air, au cours de son récit, tant il est convaincu de ce qu'il avance, de les fonder sur une base véritablement historique ? C'est, à mon sens, parce qu'il se rend très bien compte que, voulant flétrir *avant tout* la société actuelle, ce n'est pas au nom d'un passé problématique qu'il pourra l'anathématiser, mais seulement au nom de la vérité et de l'histoire. Il faut que, arrivé au moment où il va décrire le passage de l'état de nature à l'état civilisé, il ait le droit de dire à ses contemporains : voilà ce que fut *réellement* l'homme et voici ce que vous en avez fait !

Et puis, son imagination lui peint de si vives couleurs ces premiers âges de l'humanité qu'il s'enchante lui-même de ses descriptions ; son tableau lui paraît si beau et si vivant, ce qu'il est du reste, qu'il ne soupçonne plus que l'original ait pu être tout autre, c'est-à-dire, inférieur à son rêve. Mais il y a bien plus : comment, je vous prie, cet homme naturel, si bon et si doux, ne serait-il pas l'homme véritable des premiers âges, puisque c'est

(1) Tandis que Rousseau ne songe qu'à réfuter Hobbes et Mandeville, il lui échappe d'écrire la phrase suivante : « de la pitié naturelle découlent toutes les vertus *sociales* (!), à savoir, la générosité, la clémence, l'humanité... l'amitié. » Précisément, je n'en demande pas davantage à Rousseau, si ce n'est de se mettre d'accord avec lui-même et, par exemple, d'accorder cet éloge, tout à fait inattendu, « des vertus sociales » avec ses malédictions sans cesse répétées contre tout ce qui est « social ».

dans son propre cœur que Rousseau en a puisé tous les traits ? Il a, en effet, la meilleure de toutes les raisons pour croire que le portrait qu'il nous fait de l'homme primitif est parfaitement ressemblant ; car l'original, c'est lui-même ! L'homme bon, les hommes gâtés par la société : c'est Rousseau né bon, se sentant et se proclamant tel malgré ses chutes, et imputant celles-ci à la société qui l'a fait déchoir ; mais la bonté native subsiste si bien en lui que personne « n'oserait dire qu'il est meilleur que lui ». Les orages de la vie et la corruption sociale ont défiguré Glaucus et le font méconnaître de ses semblables ; mais *sa nature* étant au fond restée la même, Glaucus, lui, se reconnaît et se retrouve à travers toutes ses souillures, et il sait bien qu'il est un dieu ! Pour peindre donc au naturel cet homme primitif, qui ne connaissait ni la haine ni l'envie, Rousseau n'a eu qu'à descendre en lui et qu'à se peindre lui-même. Et si le lecteur hésite à me suivre dans mes déductions, s'il croit que je fais tort à Rousseau en supposant gratuitement qu'il ait une si haute idée de lui-même, qu'il se détrompe donc en écoutant parler Rousseau : « D'où le peintre et l'apologiste de la nature, aujourd'hui si défigurée et si calomniée, peut-il avoir tiré son modèle, si ce n'est de son propre cœur ? il l'a décrite comme il se sentait lui-même... En un mot, il fallait qu'un homme se fût peint lui-même pour nous montrer ainsi l'homme primitif. » (*Troisième dialogue*).

C'est là, si l'on veut bien y réfléchir, la plus étonnante preuve que Rousseau nous ait donnée, je ne dis pas de son orgueil (il éclate partout), mais de son incapacité absolue de se déprendre de lui-même et d'oublier sa propre personne dans l'œuvre *qui devrait être par essence la plus impersonnelle* qui soit au monde. Supposez, en effet, que tout autre écrivain que Rousseau s'applique à remonter le cours des âges pour nous décrire les mœurs naïves des premiers hommes : il s'efforcera, avant tout, sans y réussir pleinement, je le sais, puisque c'est impossible ; mais il s'efforcera tout au moins, parce que c'est là la première chose à faire, de s'oublier et de s'effacer, lui, l'homme d'une civilisation avancée, pour se donner, autant qu'il le pourra, une âme primitive, c'est-à-dire aussi différente que possible de la sienne. Et bien! Rousseau fait tout le contraire : il se regarde dans le miroir pour mieux peindre l'homme primitif. N'est-il pas, par sa haine de toute mondanité, le contemporain de ces premiers hommes, sauvages et bons comme il est lui-même? Où pourrait-il donc trouver un meilleur et plus pur exemplaire de l'âme primitive, si ce n'est chez cet être exceptionnel qui, errant à cette heure dans la forêt solitaire de Montmorency, se sent si près de la nature et si loin des hommes, de ces Parisiens surtout, les plus pervertis des hommes, parce qu'ils en sont les plus civilisés?

Je disais tantôt que l'unité de la pensée de Rousseau était moins dans la cohérence d'un système que dans la prédominance de deux principes essentiels qui *inspirent* toute son œuvre (bonté de l'homme naturel, c'est-à-dire isolé; méchanceté de l'homme social); ces deux principes, à leur tour, nous voyons maintenant qu'ils se ramènent tous les deux à un sentiment très profond, qui est la source intarissable, tantôt bouillonnante et trouble, tantôt fraîche et pure, suivant les époques et suivant les œuvres, de tout ce qu'a imaginé Rousseau. Or ce sentiment n'est autre que le sentiment même qu'il avait de lui, de ses faiblesses (c'est la part de la société), de sa bonté (c'est le fond permanent de la nature, de *sa* nature). Et ainsi, s'il est vrai que jamais pour aucun autre écrivain, plus que pour Rousseau, ne s'est vérifié aussi pleinement le mot de Pascal : « Tout notre raisonnement se réduit à céder au sentiment », on peut, en l'appliquant encore à Rousseau, le compléter en disant que tout son raisonnement se réduit à céder au sentiment….. qu'il a de lui-même.

Les Inspirateurs de Rousseau.

La question posée par l'Académie de Dijon : « Quelle est la source des inégalités sociales ? » est aussi vieille que le monde ; car, dès que les hommes se sont partagé la terre, les propriétés sont devenues très vite inégales, les propriétaires étant eux-mêmes inégaux en force et en intelligence, et il y a eu dès lors des riches et des pauvres. Voilà la « source » première de l'inégalité des conditions, elle n'est pas difficile à trouver. Rousseau a très bien vu que l'origine de l'inégalité, c'est la propriété. Partout, en effet, où il y a propriété, il y a inégalité de propriétés. « C'est un principe certain que là où il n'existe pas d'autre revenu que celui des terres, les grandes propriétés doivent peu à peu engloutir les petites, et c'est le règne de l'aristocratie » (1).

Maintenant cette inégalité est-elle « autorisée par la loi naturelle », c'est-à-dire, en termes plus simples, est-elle juste ? C'est là ce que demandait l'Académie de Dijon et c'est aussi ce que se sont demandé, à travers les âges, non certes ceux qui profitaient de cette inégalité, mais tous ceux qui, en pâtissant, ne la pouvaient croire « autorisée » par la justice, et la plainte de ces déshérités est écrite dans l'histoire de tous les peuples. C'est cette plainte qu'ont exprimée et fait entendre aux riches (car la piété est fort heureusement, comme l'a dit Rousseau « naturelle » au cœur de l'homme), ceux qui, avec plus ou moins d'éloquence, ont pris la défense des faibles ; et ces avocats des petits et des faibles ont été... tous les prédicateurs de l'Evangile, depuis les premiers pères de l'Église, jusqu'à Bourdaloue prêchant son sermon « sur l'aumône » et jusqu'à Bossuet proclamant du haut de la chaire « l'éminente dignité des pauvres » (2).

(1) Barnave : *Introduction à la Révolution française*, écrite en 1791-1792, publiée en 1815, remise en lumière par Jaurès dans son *Histoire socialiste*.

(2) De même que Rousseau s'accorde ici avec les prédicateurs chrétiens pour exalter les pauvres, il se rencontre encore, dans son premier Discours, avec maint père de l'Église, pour condamner les lettres et les sciences et l'on sait enfin que la *Lettre à d'Alembert sur les spectacles* rappelle en maint endroit le traité de Bossuet, les *Maximes et Réflexions sur la Comédie*.

Il est facile de comprendre comment l'auteur du *Vicaire Savoyard* s'est trouvé être, en trois au moins de ses ouvrages, comme un allié inattendu de l'Église : ce qu'était pour l'Église l'homme dans les mains de Dieu, c'est-à-dire avant le péché, il l'est, pour Jean-Jacques, dans les mains de la nature, c'est-à-dire avant la société. Pour Jean-Jacques, l'homme est un « sauvage » déchu qui se souvient du « désert ». D'un côté, le péché social ; de l'autre, le

Si donc tant de gens avaient comme répondu d'avance à la question de l'Académie de Dijon et y avaient, aussi bien que Rousseau, quoique pour des raisons différentes, répondu par la négative (l'inégalité des conditions n'est pas conforme à la justice), il me paraît assez oiseux de rechercher, comme on l'a fait, quels ont été, sur le sujet traité dans le second Discours, *les prédécesseurs* de Rousseau. Ce sujet étant sans doute éternel (puisqu'il y aura toujours des pauvres parmi nous), et chacun l'ayant traité du reste suivant les idées de son temps et suivant son inspiration personnelle, les seules choses qui peuvent nous intéresser, dans le Discours de Rousseau, c'est d'abord de voir comment ce qu'il dit peut s'expliquer par *sa vie même* et par *l'époque* où il vit, c'est-à-dire par la choquante inégalité des conditions à cette époque ; c'est ensuite de se demander *comment* il a exprimé ses idées sur un tel sujet, quelles facultés d'orateur ou de penseur il a déployées dans son Discours et j'ai déjà traité tous ces points l'un après l'autre. Il ne reste donc plus, ce me semble, qu'à déterminer avec précision *l'originalité* de sa pensée ; et, pour cela, il faut rechercher, non pas quels écrivains ont traité avant lui le même sujet que lui, mais *dans quels livres* il a puisé quelques-uns des matériaux de son Discours ; en un mot, quels ont été, non pas, il faut renoncer à les énumérer, les prédécesseurs, mais bien *les inspirateurs* de Rousseau.

Ce n'est pas seulement, comme il le proclame, dans « le livre de la nature », entendez du reste par là : dans son imagination, mais c'est encore dans de vrais livres, que Rousseau a pris la matière de son ouvrage. De ces livres, que nous allons citer, il a lu les uns jadis, et s'en souvient à propos quand il écrit ; les

péché originel, ont introduit dans le monde à peu près les mêmes maux et les mêmes vices et Rousseau se rencontre donc avec l'Église pour leur faire la guerre.

Sur les curieux rapprochements qu'il est permis de faire entre l'auteur du second Discours et ses prédécesseurs ecclésiastiques, on peut lire, outre la thèse si solide de M. André Lichtenberger sur *le Socialisme au dix-huitième siècle* (1895), de piquants articles de M. Henri Joly dans *le Correspondant* (1891) et quelques pages intéressantes de Duméril : Influence des jésuites sur le mouvement des idées au dix-huitième siècle *Mém. de l'Académie de Dijon*, 1874).

autres, il les a feuilletés *en vue* de son Discours. Voici d'abord les auteurs que Rousseau connaissait de longue date, qui étaient ses auteurs préférés, et dont nous retrouverons tout naturellement certaines pages dans son travail. En première ligne, je revois l'inévitable Montaigne, avec son chapitre singulier (*Essais*, I, 30) sur ces « Cannibales », qui sont de si braves gens, et envers qui nous sommes si injustes par la simple raison « qu'ils ne portent point de hauts de chausses ». Comme il avait déjà fait dans son premier Discours, Rousseau reprend, dans son second, et développe à sa manière, c'est-à-dire avec sa fiévreuse éloquence, la boutade de Montaigne sur « ces barbares qui ont gardé dans leur pureté les lois naturelles ».

Mais Montaigne ne lui avait donné là qu'une simple indication ; Rousseau avait trouvé bien mieux dans son cher *Télémaque*, puisqu'il y avait trouvé le pays de ses rêves, cette Bétique fortunée où tous les biens étaient communs et les peuples exempts de tous nos vices : « en voyant ces hommes, Télémaque se réjouissait qu'il y eût encore au monde un peuple qui, suivant *la droite nature*, fût si sage et si heureux tout ensemble, et il disait : « Nous regardons les mœurs de ces peuples comme une belle fable et il doit regarder les nôtres comme un songe monstrueux. » J'aurai à parler abondamment de *Télémaque* à propos de *l'Emile*; je me contenterai de dire ici que Rousseau, si bien fait d'ailleurs pour goûter « l'esprit chimérique » de Fénelon, n'avait eu, pour songer à la Bétique, qu'à se rappeler le temps heureux des Charmettes où il se délectait à la lecture de son auteur favori.

En même temps et sur la même ligne que *Télémaque*, Rousseau avait fait figurer jadis, dans son *Verger des Charmettes*, *Sethos*; qu'est-ce que Sethos? un interminable et fort insipide roman historique sur l'ancienne Egypte, écrit par Terrasson en 1731 et dont le grand succès est bien une des meilleures preuves qu'on puisse donner à la fois de la patience de nos aïeux et de l'heureuse nouveauté de la *Nouvelle-Héloïse*. Rousseau a pu se souvenir de ce bon peuple des Atlantes qui, au livre VIII, faisait l'admiration de Sethos : « Ce pays sacré était un exemple de l'innocence où se conservent quelques hommes, éloignés du commerce des peuples pervertis par le luxe et l'ambition. Sethos ajouta que leur nation lui rappelait l'âge d'or, non pas tel que les hommes corrompus se le représentent, mais tel que l'amour de la félicité publique en faisait souhaiter le retour à des hommes sages » ; et Rousseau sera un de ces derniers. De tels passages ont pu flotter dans la mémoire de Rousseau et l'encourager dans sa guerre à la civilisation, d'autant plus que l'un de ces passages (sur la Bétique) avait pour auteur un éminent archevêque et l'autre (sur les Atlantes) un très savant professeur au Collège de France, membre de l'Académie française ; mais comme je ne vois que de vagues rapprochements à faire entre les romans de Fénelon ou de Terrasson et le Discours sur l'inégalité, il faut chercher ailleurs *les sources* où a dû puiser Rousseau pour composer son Discours. J'en signalerai avec certitude deux fort différentes, dont la première est le cinquième livre de Lucrèce : des deux parties dont se compose le Discours, la première et la plus intéressante, ce que j'appellerai : la divination, faute de documents, de la vie humaine primitive, avait été déjà esquissée par Lucrèce ; quant à la seconde partie, celle qui contient plus particulièrement les faits et les preuves, Rousseau en a pris les éléments dans de curieux livres de voyages dont je parlerai tout à l'heure.

On connaît la fresque grandiose où le génie fougueux de Lucrèce a comme brossé à grands traits la vie misérable de nos premiers parents : « ils habitaient les antres des montagnes, les profondeurs des bois et cherchaient dans les broussailles un abri pour leurs corps incultes contre les violentes atteintes du vent et de la pluie... Vénus accouplait dans les bois de grossiers amants, unions toutes fortuites, formées par l'emportement effréné de l'homme ou par l'offre de glands et de fruits sauvages ». Il y avait là de quoi inspirer le poète qu'était Rousseau et j'imagine que c'est à la lecture de ces pages frémissantes que son imagination a pris feu ; rivalisant alors avec ce génie audacieux qu'il était capable, sinon d'égaler, du moins de commenter dignement, il a, comme lui, et avec les mêmes couleurs que lui, montré aux yeux la rudesse bestiale de nos premiers ancêtres : car c'est là le véritable emprunt qu'il a fait à Lucrèce. Tandis que tous les auteurs du dix-huitième siècle se complaisaient en d'idylliques peintures d'un âge d'or invraisemblable, Rousseau, qui avait su lire Lucrèce (il l'a cité mainte fois dans ses œuvres), nous paraît plus près de la vérité, quand il décrit la rude existence de ces hommes des bois qui ont, les premiers, creusé de leurs mains la dure écorce de notre planète. Mais il ne faudrait pas dire, ou faire entendre, que Rousseau a pillé Lucrèce (1). Il se sépare au contraire de Lucrèce parce que son but principal étant de montrer combien l'état de société est inférieur à l'état

(1) Comme l'a fait Martha : *Le poème de Lucrèce*, 1873, p. 300. M. Jules Lemaître dit dans son livre sur *J.-J. Rousseau* (p. 106) que Rousseau a fait « à sa façon l'histoire de l'humanité depuis les premiers âges, un peu comme Lucrèce, au cinquième livre de son poème ou comme Buffon, dans la septième Epoque de la Nature, mais avec plus de développement et dans un tout autre esprit ». M. Lemaître a noté avec justesse ce qui distingue Rousseau de Lucrèce ; mais sa phrase pourrait faire croire que Rousseau, de même qu'il s'est inspiré de Lucrèce, a pu s'inspirer des *Epoques de la Nature,* de Buffon, et, en particulier, de la Septième Epoque. Or cela est matériellement impossible, cette Epoque n'ayant paru qu'en 1778 ; et j'ai montré d'ailleurs, plus haut, qu'elle diffère du Discours de Rousseau jusqu'à en être la contradiction peut-être préméditée.

Rousseau s'est sans doute souvenu de Buffon, mais c'est de l'*Histoire naturelle*, que Buffon était, depuis 1749, en train de publier. Précisément dans son chapitre des « Variétés de l'Espèce humaine », Buffon, qui est très loin encore de la haute sagesse qui devait lui dicter ses *Epoques*, s'exprime ainsi : (et Rousseau ne dira pas mieux quatre ans plus tard dans son Discours) : « un sauvage, absolument sauvage, serait un curieux spectacle pour un philosophe... Peut-être s'il lui était donné d'en voir un, verrait-il clairement que la vertu appartient à l'homme et que le vice n'a pris naissance que dans la société », C'est, on le voit, la thèse même de Rousseau, lequel n'a fait que systématiser, et enflammer à la fois, de vagues idées qu'on trouvait alors dans bien des livres, tant religieux que profanes. Dans ces livres, je ne citerai, parce qu'il était alors, *et qu'il devait être pour Rousseau*, le plus important de tous, que l'*Esprit des lois*, paru cinq ans avant le Discours sur l'inégalité. Au Chapitre III du livre I, Montesquieu écrivait ces étranges paroles : « Sitôt que les hommes sont en société, ils perdent le sentiment de leur faiblesse ; l'*égalité*, qui était entre eux, *cesse*, et l'*état de guerre commence*. » La réflexion, qu'inspire à Sainte-Beuve ce singulier passage de Montesquieu, s'appliquant bien plus encore à Rousseau, je la transcris ici : « Comme si la cupidité physique, le besoin et la faim, ce sentiment aveugle que toute jeunesse a de sa force, et aussi cette rage de domination qui est *innée* au cœur de l'homme, ne devaient pas engendrer *dès l'abord* les rixes et les guerres ». (*Causeries du lundi*, VII, 67).

de nature, il maudit, on l'a vu, l'époque funeste où les hommes s'unirent par des liens sociaux, cette époque que Lucrèce, au contraire, nous vante en si beaux termes : « les enfants, par leurs douces caresses, domptèrent l'esprit farouche de leurs pères. Alors firent entre eux amitié ceux dont les habitations se touchaient ; ils cessèrent de s'insulter et ils se recommandèrent mutuellement leurs enfants et leurs femmes de la voix et du geste ; le plus grand nombre observa religieusement le traité, autrement le genre humain eût péri tout entier ». C'est, on se le rappelle, sur un tout autre ton que Rousseau enregistre les premiers essais du groupement parmi les hommes ; et, seconde différence qui découle de la première, tandis que Rousseau s'applique à nous faire envier le bonheur et la santé robuste de l'homme naturel, Lucrèce s'apitoye sur ces malheureux qui « offrent aux dents cruelles des bêtes féroces une proie vivante et remplissent de leurs gémissements les bois et les montagnes ». On voit donc à quoi se bornent les emprunts, qui ne sont d'ailleurs que probables, de Rousseau : c'est pour une partie seulement de son tableau qu'il s'est peut-être inspiré de Lucrèce, mais cela d'une façon générale et sans copier servilement, comme on l'a encore dit, certains détails, tels que ces chênes où Lucrèce mène les premiers humains pour les repaître à la moisson des glands : on oublie qu'il y avait sans doute aussi des chênes dans la forêt de Montmorency et je veux rappeler par là que c'est cette forêt, où il composa son Discours, qui fut en somme la grande inspiratrice de Rousseau, c'est elle qui a imprimé, à certains de ses plus heureux développements, je ne sais quelle étrange et agreste poésie : on sent parfois circuler entre les lignes l'air salubre des grands bois, avec la sève qui monte dans les tiges et la vie qui germe ou éclate brusquement ; et parfois même, à travers les branches, il y a des échappées soudaines sur le ciel bleu. Ce n'est pas parce qu'il a lu tel ou tel auteur que Rousseau a pu écrire d'aussi belles pages : « la source » où, pour les écrire, il a puisé, c'est tout simplement la source de poésie qui était en lui. « En considérant l'homme tel qu'il a dû sortir des mains de la nature, je vois un animal moins fort que les autres, moins agile que les autres, mais, à tout prendre, organisé le plus avantageusement de tous : je le vois se rassasiant sous un chêne, se désaltérant au premier ruisseau, trouvant son lit au pied du même arbre qui lui a fourni ses repas... La terre, abandonnée à sa fertilité naturelle et couverte de forêts immenses que la cognée ne mutila jamais, offre à chaque pas des magasins et des retraites aux animaux de toute espèce... » C'est en songeant sans doute à de telles pages, et à d'autres semblables que j'ai citées au cours de mon exposé, que Brunetière a pu dire avec raison que « Rousseau nous a rendu le sens oublié des choses primitives, qu'il a reculé les perspectives de l'humanité, qu'il nous a donné enfin (et enseigné à Chateaubriand en particulier) le sens de la diversité des époques de l'histoire (1) ». Je ne puis, en tenant compte, bien entendu, de toutes les différences de temps et de génie, m'empêcher de penser à Rousseau quand je lis ces paroles que se fait dire sur lui-même Loti, dans ses *Fleurs d'ennui* (p. 104) : « Ce qui est très particulier chez vous, ce qui donne à vos livres cette étrangeté, c'est l'indépendance avec laquelle vous paraissez vous dégager de tout ce que trente siècles ont apporté à l'humanité pour en revenir aux sentiments simples de l'homme primitif. »

On vient de voir comment s'y est pris Rousseau pour *imaginer* la vie des premiers hommes. Mais cette partie, proprement imaginative de son œuvre, il fallait, pour l'accréditer auprès du lecteur et lui donner un air de vérité, la rattacher à quelques réalités bien certaines, ou, tout au moins, bien certifiées par des auteurs dignes de foi. Les mœurs des sauvages n'étant, aux yeux des gens du XVIIIe siècle, qu'une simple survivance des mœurs primitives, il était naturel que Rousseau cherchât, dans les livres de voyages, des faits et des remarques à l'appui de sa thèse. Les faits, invoqués par lui, sont un peu disséminés dans le corps même de son Discours ; mais il les a groupés et détaillés dans ses *Notes.* On va voir que la comparaison des textes consultés par Rousseau avec le parti qu'il en a tiré fournit

(1) Brunetière : *Evolution de la poésie lyrique*, I, 58.

matière à de curieuses observations. Par exemple, son panégyrique de la vie sauvage était écrit d'avance, mais il s'est bien gardé d'en parler, dans l'ouvrage de du Tertre (*Histoire générale des Antilles*, 1667, 4 vol.) qu'il invoque et cite uniquement pour prouver l'adresse des sauvages. Or, du Tertre avait écrit (t. II, p. 357) ce qui suit : « Les sauvages des Antilles sont *les plus heureux, les moins vicieux* des hommes et *les moins tourmentés de maladies*. Ils sont tels que *la nature* les a produits, ils sont *égaux* ; nul n'est plus riche ni plus pauvre que son compagnon ; ils bornent leurs désirs à ce qui leur est précisément *nécessaire* », — et voilà presque toute la matière de la première partie du Discours, laquelle aurait paru évidemment moins originale si Rousseau avait cité du Tertre plus longuement. Dans la note 9, parlant des relations des voyageurs, il dit qu'elles sont « pleines d'exemples de la force et de la vigueur des sauvages ». Au reste, ajoute-t-il, il « tire au hasard quelques exemples des premiers livres qui lui tombent sous la main ». Les exemples qu'il cite sont extraits d'un gros ouvrage de Pierre Kolbe (et non Kolben, comme le portent toutes les éditions de Rousseau), sur les Hottentots (1) ; mais ces exemples ont été si peu « tirés au hasard », que Rousseau a prudemment passé sous silence des passages de Kolbe fort amusants, qui auraient éclairé et égayé ses lecteurs,... mais contredit formellement sa thèse. Il a lu, comme moi, mais il a négligé de citer les pages où Kolbe nous parle « de l'excessive malpropreté des Hottentots et de leur puanteur » ; où il nous montre « leurs cheveux jamais peignés ; il s'y amasse tant de poussière et de vilenies que, se collant à la longue les uns aux autres, ils ressemblent à la toison d'un mouton noir remplie de crottes ». Plus loin, l'auteur avertit que « les dames, sur qui les dégoûtantes descriptions font une trop vive impression, doivent sauter cet article » et l'article en ques-

(1) Description du Cap de Bonne-Espérance, où l'on trouve tout ce qui concerne l'histoire du pays, la religion, les mœurs et les usages des Hottentots et l'établissement des Hollandais, tirés des Mémoires de M. Pierre Kolbe, maître ès-arts, dressés pendant un séjour de dix années dans cette colonie où il avait été envoyé pour faire des observations astronomiques et physiques, 3 vol. Amsterdam, 1743.

tion explique consciencieusement de quelle façon Hottentots et Hottentotes dégustent les petites bêtes qu'ils ont sur la tête et tout ce qu'ils font enfin pour « apaiser la faim où les jette leur abominable « paresse ». Rousseau se contente de vanter, d'après Kolbe, « l'agilité des Hottentots et leur extraordinaire légèreté à la course » ; mais il se garde bien de nous dire par quelles pratiques cruelles, s'il faut en croire Kolbe, les Hottentots rendent leurs garçons si agiles.

Rousseau a feuilleté également la vaste collection, dirigée par l'abbé Prévost et intitulée : *Histoire générale des Voyages* ; il cite le tome III (publié en 1747) ; mais il se garde bien de nous dire qu'on lit, dans ce tome, *à l'encontre de sa théorie*, que « les nègres des côtes d'Afrique sont misérables, impudents et lâches..., et lascifs et voleurs » ; et, quant à l'étonnante vigueur qu'il prête, on s'en souvient, aux sauvages qui ne sont, selon lui, jamais malades, elle est démentie dans ce même volume par l'énumération des affreuses maladies qui affligent les Mandingues, — mais ce n'est pas là ce que Rousseau voulait démontrer. Au début de son Discours, il écrit son mot fameux : « Commençons par écarter les faits », voulant dire seulement par là que ce n'est pas de vérités historiques qu'il va être question, mais de simples raisonnements hypothétiques ; et on peut à la rigueur, en l'interprétant ainsi, lui passer ce mot qu'on lui a si souvent reproché. Mais, pendant qu'il se documentait pour fortifier ses raisonnements, il s'est dit certainement, s'il ne l'a pas cette fois écrit : « écartons les faits... qui nous gênent » ; et en conséquence, il n'a retenu de ses lectures, je crois l'avoir démontré, que ce qui cadrait avec son système. Je devais signaler le procédé, sans lui en faire d'ailleurs un trop grand crime : il y a tant d'historiens qui ne procèdent pas autrement.

Les Adversaires

Rousseau, parlant dans ses *Confessions*, de son Discours sur l'inégalité, dit qu'il « ne trouva dans l'Europe que peu de lecteurs qui l'entendissent et aucun de ceux-là qui voulût en parler » ; c'est dire nettement que tous ceux qui en parlèrent n'y entendirent rien. En tous cas Rousseau ne répondit, nous le verrons, qu'à Charles Bonnet, peut-être parce que Bonnet était un homme considérable ; (car, à lire la réponse de Rousseau, celui-là non plus ne l'aurait guère compris) ; tandis que ses autres adversaires, étant d'obscurs polémistes, ne valaient pas l'honneur d'être réfutés. Ceux d'entre eux qui ont signé leur critique n'étaient, en effet, sauf Fréron, guère plus connus au XVIIIe siècle que de nos jours; mais la plupart, craignant sans doute d'attirer sur leur tête quelqu'une de ces foudroyantes répliques que Rousseau avait lancées naguère aux contradicteurs de son premier Discours, s'abritèrent prudemment sous l'anonymat. C'est ainsi que Grimm, annonçant en mars 1756, une lettre à M. R., citoyen de Genève, par M***, citoyen de Paris, écrit que « les gens d'esprit voient très bien les défauts du système de Rousseau; mais ils n'ont pas envie de l'attaquer. » Et il ajoute, ce qui montre bien que les adversaires de Rousseau étaient négligeables : « *nos petits auteurs* ne se lassent pas d'écrire des platitudes ou des sottises contre lui. » Nous avons, du reste, sur le genre de succès qu'obtint Rousseau, et l'admiration mêlée *d'effroi*, qu'il inspira à ses lecteurs, le très curieux témoignage d'un contemporain. Garat, dans ses Mémoires sur la vie de Suard (I, 164), s'exprime ainsi : « (les philosophes) enivrés de tant d'espérances fondées sur les progrès de la raison, prophétisaient une Jérusalem de la philosophie qui aurait plus de mille ans de durée. A ce moment, une voix inconnue s'élève, non du fond des déserts et des forêts, mais du sein même de ces sociétés et de cette philosophie, où tant de lumières faisaient naitre tant d'espérances. Elle s'élève, tout se tait un instant pour l'écouter ; et, au nom de la vérité qu'elle invoque, c'est une accusation qu'elle intente, devant le genre humain, contre les lettres, la science et la société elle-même. Ce n'est pas, comme on l'a dit, le scandale qui fut général; c'est l'admiration et une *sorte de terreur* qui furent universelles. » Je retrouve la même impression sur Rousseau dans les « Œuvres du Philosophe bienfaisant » (du roi Stanislas). Il s'adresse à un auditeur supposé, Cléante ; il vient de combattre les idées du premier et du second Discours de Rousseau : « pardonnez, Cléante, ce trait de vivacité contre un génie plus *redoutable* qu'on ne croit... Je me suis éloigné de mon sujet en courant après le citoyen de Genève que je n'ose me flatter de ramener et de qui je crains, *comme d'un Vésuve* une fois ouvert parmi nous, quelque nouvelle éruption plus dangereuse. »

Grimma dit vrai : les critiques du Discours sur l'inégalité, si l'on excepte Charles Bonnet, n'ont guère dit que des « platitudes » (1). Voici justement la Lettre annoncée par Grimm, d'un citoyen de Paris (1756) ; l'auteur admire les grands talents de Rousseau et regrette qu'il n'en fasse pas un meilleur usage. Il prend contre Rousseau, on ne sait pourquoi, la défense de la religion ; suivent quelques banalités platement écrites et c'est toute sa Lettre. Un autre, M. J. N. T. Y. (Genève, 1755) trouve que le Discours est très bien écrit, mais que tout de même, quoi qu'en dise Rousseau, la société a du bon. Une femme (c'était Mme Belot, depuis présidente de Meynières ; mais elle ne se nommait pas), trouvait à dire des choses plus intéressantes. Par exemple, ceci : « par qui l'homme aurait-il été civilisé, s'il n'était pas né pour l'être, et, s'il est né pour l'être, comment ne le serait-il pas ? » Et encore ceci : « comment imaginer que M. Rousseau, né sauvage, serait demeuré (avec la faculté de se perfectionner, qui est le propre de l'homme d'après Rousseau) aussi stupide qu'un Caraïbe ? » Et ce mot, qui est bien d'une femme : « un sauvage n'est-il donc pas en état de faire la comparaison d'une vieille avec une jeune et d'une femme bien faite avec une femme difforme ? »

L'objection suivante méritait d'être faite à Rousseau : « certains peuples ne sont peut-être pas originairement des brutes ; des révolutions, qu'on ignore, ont pu les replonger dans la

(1) Barbier a dressé, en 1823, dans sa « Notice des principaux écrits relatifs à la personne et aux ouvrages de J.-J. Rousseau », une liste (incomplète) des écrits publiés, au XVIIIe siècle, contre le Discours sur l'inegalité.

M. André Lichtenberger (dans son ouvrage déjà cité) a ajouté (p. 136) un certain nombre d'ouvrages à ceux qu'avait cités Barbier. Ces ouvrages sont la plupart anonymes et (ceux du moins que j'ai lus) fort insignifiants.

barbarie. » Enfin c'est le bon sens qui parle par la bouche de la Provinciale (c'est le nom qu'a pris Mme Belot), dans les lignes suivantes : « M. Rousseau met toujours en parallèle les inconvénients de la société avec les avantages de la vie sauvage ; il faudrait aussi peser de bonne foi les inconvénients de la vie sauvage et les avantages de la société. » A coup sûr un tel « parallèle » était l'équité même et Rousseau le savait bien; mais ce qu'il ne savait pas moins, c'est que, s'il avait voulu être équitable, il n'aurait pas écrit son Discours.

En mars 1756 Grimm annonce : *L'homme moral opposé à l'homme physique de M. R.* ; l'opuscule avait ce sous-titre : « Lettres philosophiques, où l'on réfute le déisme du jour. » L'auteur, qui se nomma plus tard, n'était autre qu'une vieille connaissance de Rousseau, le P. Castel. Pas trop mal avisé, notre jésuite a pressenti que « le principe de M. Rousseau est une semence de révolte. » Il dit encore avec non moins de perspicacité : « Un homme d'une imagination forte, qui n'a qu'un but et qui y va toujours, est un homme à craindre. » Il l'interpelle et le gourmande comme s'il lisait l'avenir : « vous semez dans notre nation un levain d'aigreur qui est capable d'altérer notre caractère naturellement sociable. » On se souvient que le bon Père avait, lui, un caractère naturellement gai. Il n'a rien perdu de sa gaîté, car rappelant le mot de Rousseau sur la noble liberté du sauvage : « oui, dit-il, quand il pleut, il est libre de se mouiller. » Le sauvage est doux et heureux, dit M. Rousseau : « que ne le prend-on au mot? Qu'on le transporte au milieu des vrais sauvages, nu, libre, gai et content ! »

Fréron, à son tour (1), essaie de tourner en ridicule (c'était sa tactique ordinaire), « Rousseau l'animaliste », qui nous a donné l'homme-bête, après que La Mettrie nous avait donné l'homme-machine. Classique et puriste, il lui reproche des expressions basses et rampantes, telles que : « travailler à bâtons rompus » et « battre les buissons. » Son style est, paraît-il, dur et raboteux. — Il est plutôt un peu âpre et tendu, mais singulièrement vigou-

(1) *Année Littéraire*, 1755, t. IV.

reux. — Et Fréron ne manque pas de crier au plagiat ; Rousseau n'a fait que mettre en paradoxe : Hobbes, Puffendorf, Burlamaqui et surtout Locke. J'aurai à étudier de près, à l'occasion du *Contrat social*, les emprunts que Rousseau a faits à tous ces auteurs. Je me contenterai de dire ici que Rousseau s'accorde avec Locke pour affirmer que « les lois municipales des pays ne sont justes qu'autant qu'elles sont fondées sur les lois de nature. » Mais si Locke, dans son *Gouvernement civil*, parle « d'un accord par lequel on entre *volontairement* dans une société », il ajoute aussitôt que « cet accord lui même est *naturel* à l'homme. »

La critique la plus sérieuse fut celle de Philopolis (Charles Bonnet) publiée dans le *Mercure* d'octobre 1755 (1). Charles Bonnet, dont nous aurons l'occasion plus tard de parler plus longuement, était un savant naturaliste genevois, membre correspondant de l'Académie des Sciences de Paris et membre associé de la Société Royale de Londres; sa science, sa piété, sa grande fortune, l'estime de ses compatriotes faisaient de Bonnet un personnage considérable et tout cela donnait plus de poids à sa critique. Au reste, il rend justice aux grands talents de Rousseau, il admire le coloris de son étrange tableau de la vie sauvage ; il regrette seulement que l'auteur ait adopté des idées si opposées au vrai et si peu propres à faire des heureux. Il ne discutera pas toutes ces idées; il propose simplement à Rousseau d'approfondir ce raisonnement bien simple qui lui paraît renfermer ce qu'il y a de plus essentiel dans la question : si l'état de société découle des facultés naturelles de l'homme, il est naturel à l'homme. Cette perfectibilité, dans laquelle Rousseau fait consister le caractère qui distingue éternellement l'homme de la brute, devait, du propre aveu de l'auteur, conduire l'homme au point où nous le voyons aujourd'hui. Vouloir que cela ne fût point serait vouloir que l'homme ne fût point homme. L'aigle qui se perd dans la nue, rampera-t-il dans la poussière, comme le ser-

(1) Lettre au sujet du Discours de M. J.-J. Rousseau de Genève sur l'origine et les fondements de l'inégalité parmi les hommes, par Philopolis, citoyen de Genève.

pent? — Bonnet était naturaliste. — Et il était aussi bon chrétien : L'homme sauvage n'est point du tout l'homme que Dieu a voulu faire; Dieu a fait des orangs-outangs, qui ne sont pas des hommes ; et ainsi M. Rousseau déclame... contre Dieu. Au nom du bon sens et de la Providence, prenons l'homme tel qu'il est ; laissons aller le monde comme il va et soyons sûrs qu'il va aussi bien qu'il pouvait aller ; s'il s'agissait de justifier la Providence, Leibniz et Pope l'ont fait et leurs ouvrages font honneur à la raison. Son unique but, dans cette Lettre, est de faire sentir à l'auteur combien ses plaintes continuelles sont superflues et déplacées.

Bonnet veut manifestement dégager la responsabilité de Genève que Rousseau, par sa Dédicace, avait semblé associer à ses paradoxes. Au reste, il n'oublie pas que Rousseau est un compatriote qui peut, avec un meilleur emploi de son génie, faire honneur à son pays ; et il n'oublie pas non plus qu'il ne fait pas bon fâcher M. Rousseau : « s'il m'était échappé quelque chose qui pût déplaire à M. Rousseau, je le prie de me pardonner. » J'ai dû insister sur cette Lettre de Bonnet, pour que l'on comprît mieux la réplique, plus intéressante pour nous, de Rousseau. Cette réplique, non datée, est intitulée : *Lettre à M. Philopolis.* En voici la substance : L'état de société est naturel à l'homme, dites-vous : la vieillesse aussi ; supposons qu'on ait trouvé le moyen d'accélérer la vieillesse et que les sages s'empressent d'en user pour secouer les passions; (ainsi ont fait les hommes, veut signifier Rousseau, en accélérant la société). Selon moi, la société est naturelle à l'espèce humaine comme la décrépitude à l'individu ; il faut des arts, des lois...? oui, comme des béquilles au vieillard. Toute la différence est que l'état de vieillesse découle de la nature seule de l'homme et que l'état de société découle de la nature du genre humain, non pas immédiatement, comme vous le dites, mais seulement, comme je l'ai prouvé (il n'a rien prouvé), à l'aide de certaines circonstances extérieures (il n'a pas dit lesquelles), qui pouvaient être ou n'être pas, ou du moins arriver plus tôt ou plus tard. — Voilà bien des affaires : oui ou non, l'homme est-il naturellement sociable? Oui certes; alors il s'associe à ses semblables aussi naturellement et aussi fatalement qu'il marche et parle. Quand cela? il est très facile de répondre : il parle dès qu'il peut; il s'associe de même. Retarder la naissance de la société, comme l'aurait voulu Rousseau, l'homme ne le peut pas, puisqu'il ne peut rien contre sa nature; et il ne le doit pas, puisque le seul crime, pour Rousseau, est de contrarier la nature.

Habilement Rousseau s'esquive vers l'optimisme de Leibniz, qu'il combat avec de bonnes raisons; puis, s'attaquant à Philopolis : si tout est bien comme il est, tout était bien comme il était *avant* qu'il y eût des gouvernements et des lois; il fut donc au moins superflu de les établir; et Jean-Jacques alors, avec votre système, eût eu beau jeu contre Philopolis. Enfin, si tout est bien comme il est, il est bon qu'il y ait des Saxons, des Esquimaux et des Caraïbes qui se passent de *notre* police, des Hottentots qui s'en moquent et un Genevois qui les approuve. Leibniz lui-même conviendrait de ceci. — Rousseau manque ici de probité dans la discussion. Les Hottentots, dit-il, n'ont pas *notre* police. A coup sûr, mais ce n'est pas la question. Ont-ils *une* police? Cela n'est pas douteux. Les récits de voyages, et je parle de ceux dont il s'est servi pour son Discours, exposent tous, sans exception, la police des sauvages dont ils décrivent la vie. — Voici la conclusion de Rousseau : « Remarquez, Monsieur, que, dans cette affaire, comme dans celle du premier Discours, je suis toujours le monstre qui soutiens que l'homme est naturellement bon et que mes adversaires sont toujours les honnêtes gens qui, à l'édification publique, s'efforcent de prouver que la nature n'a fait que des scélérats. » A quoi il n'est que trop aisé de répondre : personne ne l'a traité de monstre; Bonnet a dit simplement qu'il était « un esprit chagrin », et cela, non pas du tout parce qu'il fait l'homme naturellement bon, mais uniquement parce qu'il fait l'homme civil irrémédiablement corrompu. Ses adversaires n'ont jamais dit, non plus, que la nature n'avait fait que des scélérats, mais qu'elle avait fait l'homme à la fois bon et mauvais, ce qui est aussi incontestable que banal.

On peut compter aussi, parmi les adversaires de Rousseau, l'auteur du Mémoire qui fut couronné : le 18 août 1754 l'Académie des sciences et Belles-Lettres de Dijon tint son assemblée publique pour la distribution des prix. M. Gelot, procureur du Roi, lut un Rapport où il censurait les Discours qui n'avaient pas été couronnés. Il démontre que l'inégalité des conditions est nécessaire dans toute société, qu'elle est fondée sur la Loi naturelle et que « l'homme étant né pour la société, la négative de cette proposition serait une absurdité. » (*Mercure de France*, février 1755). Cette dernière phrase visait évidemment le Discours de Rousseau. J'ai pu lire le Discours qui eut le prix ; il parut en 1754 sous ce titre : « Discours qui a remporté le prix de l'Académie de Dijon par M. l'abbé Talbert, chanoine en l'église illustre de Besançon. » Le chanoine s'accorde avec Rousseau pour trouver que tout était parfait dans l'état de nature, c'est-à-dire, pour lui, avant le péché. Depuis, le désordre s'est introduit dans le monde et avec lui les inégalités de rang, de fortune. Heureusement la religion a consacré ce nouvel état de choses, et elle nous aide à en supporter les imperfections inévitables. Et le bon chanoine termine ses honnêtes platitudes par cette phrase latine : « Quæ sunt, a Deo ordinata sunt. » Il n'y a qu'à répéter : Amen.

Avant de clore cette liste des adversaires de Rousseau, je ne puis me tenir de citer ici une page, écrite deux ans avant le Discours sur l'inégalité, et qui en est une très piquante et très judicieuse réfutation anticipée. Cette page est de l'un des plus fermes esprits du dix-huitième siècle, de Turgot. Dans une lettre à Mme de Graffigny, à propos des *Lettres péruviennes* de cette dernière, Turgot s'exprime ainsi : « La distribution des conditions est un article bien important et bien facile à justifier, en montrant sa nécessité et son utilité : Sa nécessité, parce que les *hommes ne sont point nés égaux;* parce que leurs forces, leur esprit, leurs passions rompraient toujours entre eux l'équilibre momentané que les lois pourraient y mettre. — Que serait la société sans cette inégalité des conditions? Chacun serait réduit au nécessaire ou plutôt il y aurait *beaucoup de gens qui n'en seraient pas assurés.* On ne peut labourer sans avoir des instruments et le moyen de vivre jusqu'à la récolte. Ceux qui n'ont pas eu l'intelligence, ou l'occasion d'en acquérir, n'ont pas le droit d'en priver celui qui les a mérités par son travail. Si les paresseux et les ignorants dépouillaient les laborieux et les habiles, tous les travaux seraient découragés et la misère serait générale. Il est plus juste, et plus utile pour tous, que ceux qui ont manqué ou d'esprit ou de bonheur prêtent leurs bras à ceux qui savent les employer, qui peuvent d'avance leur donner un salaire et leur garantir une part dans les produits futurs. Leur subsistance alors est assurée, mais leur dépendance aussi. *Il n'est pas injuste* que celui qui a inventé un travail productif, et qui a fourni à ses coopérateurs les aliments et les outils nécessaires pour l'exécuter, qui n'a fait avec eux pour cela que des contrats libres, se réserve la meilleure part, que, pour prix de ses avances, il ait moins de peine et plus de loisir. Ce loisir le met à portée de réfléchir davantage, d'augmenter encore ses lumières ; et ce qu'il peut économiser sur la part, équitablement meilleure, qu'il doit avoir dans les produits, accroît ses capitaux et son pouvoir de faire d'autres entreprises (1). »

Conclusion et portée du second Discours.

Si Rousseau a pris la plume, [dit-il] dans la Préface de sa deuxième Lettre à Borde, et ce qu'il dit à Borde il le répètera sans cesse, c'est pour être utile à l'humanité ; son but principal, unique, c'est « le bonheur de l'humanité. » Dès lors on est en droit de lui demander : qu'est-ce, à vos yeux, qui est utile à l'humanité ? en d'autres termes, que devons-nous faire pour être heureux et quelle *conclusion pratique* devons-nous tirer de votre Discours ? Il ne sait pas ; ou, du moins, il ne le sait pas très bien au moment où il écrit son Discours : c'est que son « système », quoi qu'il en ait dit plus tard, n'est pas encore complètement arrêté dans son esprit, puisqu'il y manque une

(1) *Œuvres de Turgot* (édit. Daire), 1844, t. II, p. 785.

conclusion nette et claire. Ce qu'il y a de plus clair, en effet, dans ce Discours, c'est *le sentiment* qui le lui a inspiré, et, puisque nous avons affaire à un orateur, nous pouvons être sûrs que ce sentiment se trahira en lui dictant, comme on dit, le mot de la fin. Or ce mot, quel est-il? C'est qu'il est « manifestement contre la loi de nature qu'une poignée de gens regorge de superflu, tandis que la multitude affamée manque du nécessaire. » Et très manifestement aussi, c'est là une protestation très vibrante contre la société, telle qu'elle existe : mais est-ce à dire que nous devions « détruire les sociétés, anéantir le tien et le mien et retourner vivre avec les ours? » C'est Rousseau lui-même qui tire cette conséquence, mais c'est pour la repousser dédaigneusement; « il aime autant, dit-il, la prévenir que de laisser à ses adversaires la honte de la tirer. » Le malheur est qu'il la formule mieux qu'il ne la détruit; car, si ce n'est pas là ce qui découle de ses principes, qu'il nous dise alors ce qu'il en conclut lui-même. Il s'en tire (note 9) par une prosopopée parfaitement inintelligible : « O vous, à qui la voix céleste ne s'est point fait entendre, et qui ne reconnaissez, pour votre espèce, d'autre destination que d'achever en paix cette courte vie, reprenez votre antique innocence; allez dans les bois perdre la vue et la mémoire de vos contemporains. Quant aux hommes semblables à moi, dont les passions ont détruit pour toujours l'originelle simplicité; ceux, en un mot, qui sont convaincus que la voix divine appela tout le genre humain aux lumières et au bonheur des célestes intelligences; tous ceux-là.... respecteront les liens des sociétés dont ils sont membres, obéiront scrupuleusement aux lois... »

De ces deux catégories d'hommes, je reviendrai tout à l'heure sur la première; la seconde comprenant tous ceux à qui les passions ont fait perdre leur originaire simplicité, c'est-à-dire, à peu près tout le monde, on peut dire que Rousseau conseille à l'immense majorité des hommes de continuer à vivre parmi leurs semblables, sauf à y vivre en braves gens; et l'on peut trouver qu'une conclusion aussi honnête répond peu aux prémisses révolutionnaires du Discours.

Je sais bien que dans le Discours Rousseau a très fort vanté « un période de développement des facultés humaines qui, tenant *le milieu* entre l'indolence de l'état primitif et la pétulante activité de notre amour-propre, dut être l'époque la plus heureuse et la plus durable. Ce fut là la jeunesse du monde », laquelle, ajoute-t-il, subsiste encore chez les sauvages. Mais Rousseau ne prétend pas du tout nous « rajeunir » jusqu'à faire de nous des sauvages et son Discours se termine donc sur un regret... d'avoir perdu notre jeunesse, et sur une résignation mélancolique, mais fort raisonnable, aux lois de la société. Ce n'est donc pas seulement à un résultat modeste, c'est à un résultat négatif qu'ont abouti tant d'efforts de dialectique et tant de beaux cris d'éloquence.

Rousseau ne devait pas s'en tenir à cette résignation et, pour ainsi dire, à cette abnégation de l'homme naturel. Il va peu à peu, en s'inspirant de ses goûts pour les plaisirs champêtres, pour la simplicité des mœurs et la calme existence des gens de la campagne, préciser son idéal de vie heureuse ; et cet idéal, il le présentera comme la conclusion logique (ce qu'il pouvait soutenir) et depuis longtemps arrêtée dans son esprit (ce que je ne crois pas exact), à la fois de son Discours sur l'inégalité et de ses grands principes sur la nature et la société. Il peut dès lors se vanter d'avoir « un système » que nous allons, non pas définir, il ne l'a jamais formellement défini lui-même, mais, pour ainsi dire, montrer en action : car il l'a fait pratiquer par les personnages de sa *Nouvelle-Héloïse* et, particulièrement, par Volmar et Julie. Sans empiéter sur l'étude que je dois faire plus tard de ce roman, il me paraît opportun d'indiquer ici comment cette œuvre de Rousseau se rattache très directement au Discours sur l'inégalité, puisqu'elle en est, à mon sens, le couronnement. Je crois que l'idée du personnage de Volmar flottait vaguement dans l'esprit de Rousseau dès son second Discours ; elle prit corps dans la *Nouvelle-Héloïse* et l'apparition de Volmar va dès lors donner un sens au passage de Rousseau que je viens de citer. Ce passage était pour nous une énigme : c'est que Rousseau, quand il l'écrivait, ne faisait encore qu'entrevoir un de ces êtres chimériques qui, sans forme bien définie, hantaient si souvent sa rêveuse imagination. Qu'on me permette de citer le passage dont je n'ai donné plus haut qu'un court fragment : « O vous à qui la voix céleste ne s'est point fait entendre, et qui ne reconnaissez pour votre espèce d'autre destination que d'achever en paix cette courte vie ; vous qui pouvez laisser au milieu des villes vos funestes acquisitions, vos esprits inquiets ; reprenez, puisqu'il dépend de vous, votre antique et première innocence ; allez dans les bois perdre la vue et la mémoire des crimes de vos contemporains et ne craignez point d'avilir votre espèce en renonçant à ses lumières pour renoncer à ses vices. » — Volmar sera précisément cet homme « à qui la voix céleste ne s'est point fait entendre », puisqu'il est athée ; et il ira vivre loin des villes, au milieu des champs et des bois. Mais c'est surtout Julie qui sera la conclusion attendue et, cette fois, pleine et entière, du Discours sur l'inégalité.

Si l'homme est malheureux — parce qu'il y devient vicieux, — dans la vie de société ; et s'il ne peut, d'autre part, revenir à l'état de nature, c'est-à-dire à l'état d'innocence qui est à jamais perdu, car on ne redevient pas, de sociable « naturel », pas plus que de vieux on ne redevient jeune ; n'y a-t-il plus, pour nous, d'autre ressource, comme nous le conseillait finalement le Discours, que de nous accommoder, tant bien que mal, de nos souffrances et de nos vices ? Rousseau a trouvé mieux, et *ce qu'il faut faire* (ce que nous demandions vainement au Discours), c'est la vie tout entière de Julie qui va nous l'apprendre : Julie n'est plus *innocente*, mais elle est devenue *vertueuse* ; l'humanité peut faire comme elle et, pour mieux l'imiter, il faut qu'elle renonce, comme Julie, au séjour des villes ; car le retour à la terre prépare le retour à la vertu et, par la vertu, nous rend le bonheur. Par là, nous ne revenons pas, c'est impossible, au pur état de nature, mais nous nous en rapprochons *le plus qu'il est possible aux civilisés que nous sommes* ; et nous n'arrivons pas davantage à reconquérir l'innocence première ; mais ce que nous conquérons est bien supérieur à l'innocence même, à cette innocence dont les premiers hommes n'avaient pas même conscience et qui ne leur coûtait pas le moindre effort. Au contraire, la vertu *après la faute*, c'est là ce qui est méritoire, parce que c'est là ce qui ne se conquiert pas sans effort et sans lutte; aussi la récompense est-elle au bout et c'est le bonheur dans la paix des passions. Voulez-vous assurer ce bonheur? ajoutez-y la paix des champs. « Le travail de la campagne *rappelle* au cœur l'âge d'or. Qu'on regarde les prés couverts de gens qui fanent et chantent, les troupeaux épars; insensiblement on se sent attendrir; c'est *la voix de la nature* qui amollit nos cœurs farouches... Autour de Julie, tout vit dans la plus grande familiarité, tout le monde *est égal*, parce que les dames sont sans airs et les paysannes décentes; la douce *égalité* qui règne ici rétablit l'*ordre de la nature.* » (*Nouv. Hél.* Partie V. Lettre 8).

Quant à Julie elle-même, « le ciel semble l'avoir donnée à la la terre — et Rousseau l'a donnée au monde — pour montrer (à la fois) l'*excellence* dont une âme humaine est susceptible et le *bonheur* dont elle peut jouir. Ce bonheur, on ne l'acquiert qu'en faisant tout le contraire de ce qu'on fait dans les pays civilisés: « S'il fallait dire avec précision ce qu'on fait dans cette maison pour être heureux, je croirais avoir répondu en disant: on y sait vivre; non dans le sens qu'on donne en France à ce mot, qui est d'avoir avec autrui certaines manières établies par le monde; mais de la vie de l'homme *et pour laquelle il est né.* » (Partie V, Lettre 2). Rousseau, quand il écrivait ces lignes avait réussi à préciser son rêve de vie heureuse; il en avait, pour ainsi dire, trouvé la formule, comme il fallait s'y attendre, en la cherchant dans son *cœur* et en l'incarnant dans une femme.

Laissons, pour le moment, cette femme que nous étudierons de plus près avec le roman auquel son nom est attaché, et interrogeons encore une fois le cœur de Rousseau. Je disais tantôt que la conclusion du second Discours, c'était la *Nouvelle-Héloïse*; mais ce n'est là, après tout, qu'une conclusion fictive; en voici donc une qui est bien vivante et même dramatique, car cette conclusion, c'est la propre vie de Rousseau, celle du moins qu'il s'efforce de vivre de plus en plus, *depuis sa réforme morale*. Lui aussi il a été, et bien plus que le commun des hommes, corrompu et gâté par la société ; mais il s'est amendé depuis, et de la fange où il était tombé, il remonte tous les jours un peu plus vers la lumière, parce que chaque jour il se ressaisit davantage dans sa *bonté native*. Et ainsi toutes ses fautes, dont la *société* d'ailleurs était surtout responsable, il les a effacées par son retour à sa première *nature* ; et, s'il n'est plus *innocent*, comme le furent les premiers hommes, il est du moins *vertueux* ; car il vit, au moment où il compose, loin des villes corruptrices, et l'enthousiasme qu'il ressent pour la vertu, son amour de l'humanité, lui sont de sûrs garants de sa moralité actuelle. Qu'on ne lui dise donc pas que son système est faux ou chimérique : la preuve qu'il n'est pas chimérique, c'est qu'il le vit ; et la preuve qu'il n'est pas faux, c'est qu'en le vivant, il se sent heureux. Désormais donc il n'éprouvera aucune honte à raconter sa vie passée ; et, au contraire, il prendra plaisir à s'en glorifier. L'aveu naïf, cynique même, de ces turpitudes, dont il est maintenant si bien guéri, fera éclater aux yeux de tous le mérite qu'il a eu, étant parti de si bas, d'être parvenu au faîte où il est monté. Il me semble que nous comprenons mieux ainsi la franchise effrénée et comme dévergondée qui s'étalera un jour dans les *Confessions*. Que cette étrange façon de se confesser (et aussi de s'absoudre par sa confession même) soit, pour Rousseau, une nouvelle occasion de s'enorgueillir, c'est ce qu'il est inutile de relever ; mais ce qu'il ne faut pas perdre de vue, c'est que, dans ses plus grandes jactances, il est sincère avec lui-même. Or, c'est cette sincérité, je veux dire : c'est la conviction profonde qu'il est, maintenant qu'il s'est retrouvé, supérieur à l'homme qu'il fut jadis, et supérieur aussi immensément aux autres hommes, c'est cela même qui fait sa force, soutient et réchauffe son éloquence.

On voit dès lors pourquoi son fameux système, il le proclame si haut et le défend avec tant d'âpreté contre les objections et les ironies de ses adversaires : ce n'est pas seulement parce que ce système est la preuve péremptoire (pour lui), qu'il est bon logicien et qu'il a su échapper à toutes ces contradictions qu'on lui reproche sans cesse et de tous côtés ; mais c'est encore parce que *ce système se confond avec sa vie*. Le dit système n'était pas définitivement arrêté, quoiqu'il l'ait prétendu plus tard, dès son premier, ni même dès son second Discours ; il s'est fait et *est devenu, en même temps que lui* devenait, ou tout au moins s'efforçait sérieusement de devenir autre et meilleur ; il l'a perfectionné en travaillant à se perfectionner ; mais du jour où il l'a supposé — c'est-à-dire où il s'est senti — parfait, il y a cru comme à lui-même, et l'on sait s'il avait foi en lui ! (1)

Mais il y a de ce Discours une conclusion autrement importante que celle qu'a imaginée Rousseau : c'est celle qu'en a tirée la postérité. A la suite de ce petit écrit, qui n'a que cent pages, deux idées sont entrées dans le monde et y ont eu une fortune inouïe. La première, qui prêtait surtout, on n'allait le voir que trop, au développement littéraire, c'était l'idée que l'état de nature est bien supérieur à l'état civilisé. Sans doute cette idée avait déjà été énoncée par d'autres que par Rousseau et j'ai dit par qui, dans les pages précédentes ; mais elle n'avait jamais été exprimée, ou plutôt proclamée, avec une aussi retentissante éloquence, ni démontrée avec un tel renfort de faits et de déductions. Et désormais vont foisonner dans notre littérature les dissertations et surtout les romans, où l'on s'attendrira sur l'innocence et la félicité des hommes de la nature. Ce triomphe de l'homme sauvage durera sans interruption chez nous (pour ne pas parler des littératures étrangères en proie à la même manie), jusqu'à l'homme de génie qui écrira *les Natchez*, après avoir dépeint dans l'*Essai sur les Révolutions*, son admirable « Nuit chez les sauvages de l'Amérique », et après avoir évoqué, dans cette Nuit, « le sublime Discours sur l'inégalité ». Que cette idée (de la supériorité de l'état de nature) n'ait jamais été complètement aban-

(1) Rousseau restera-t-il fidèle à ce système dans la suite de ses œuvres ? C'est une question très controversée et que je dois donc réserver pour le moment où j'aborderai les écrits de Rousseau qu'on prétend contraires aux principes des deux Discours. Je m'efforce de suivre la pensée de Rousseau à mesure qu'il l'exprime : si parfois, comme je l'ai fait tantôt, j'empiète sur l'avenir, c'est seulement pour faire pressentir, comme ici, l'aboutissement d'un principe qui, sans cette vue rapide jetée sur une œuvre postérieure, semblerait ne mener à rien. Les concordances, ou les dissonances, entre ce « système » — plus senti encore que formulé — et les œuvres de Rousseau qui vont venir nous apparaîtront au fur et à mesure que nous étudierons ces œuvres.

donnée depuis lors, il suffira sans doute, pour le prouver, de rappeler ce passage de Tolstoï, un disciple attardé de Jean-Jacques : « Nous cherchons notre idéal devant nous, tandis qu'il se trouve en réalité derrière nous. Ce n'est pas au développement de l'homme qu'il faut recourir pour réaliser cet idéal d'harmonie que nous portons en nous ; car ce développement est plutôt un obstacle à la réalisation de notre idéal. » Même la question de savoir si les sauvages sont plus heureux que nous est encore à cette heure une question ouverte, puisque j'en retrouve la discussion dans le bel ouvrage de M. Durkheim (*la Division du Travail*, p. 265). Oserai-je dire que cette question me paraît oiseuse ? puisque nous ne pouvons plus vivre à l'état de nature, parce qu'il y a trop longtemps que nous en avons perdu l'habitude, comme le disait, avec son spirituel bon sens, Voltaire à Rousseau, ne regrettons pas, à supposer qu'elle soit regrettable, la vie sauvage et, faute de forêts à défricher, résignons-nous à cultiver nos jardins.

La seconde idée, non, sans doute, et pas plus que la première, inventée, mais lancée dans le monde, toute vibrante et frémissante des fureurs de sa colère et de ses rancunes, par l'auteur du second Discours, c'est l'idée que les hommes sont égaux. Cette idée devait avoir, on le sait de reste, une portée incalculable. S'il est vrai que le fond du socialisme, c'est l'idée d'égalité, comme l'affirme l'éminent auteur du « Socialisme, en 1907 », alors le premier et le plus authentique ancêtre du socialisme, c'est bien Jean-Jacques Rousseau. Veut-on voir jusqu'à quel point le socialisme, même contemporain, peut se réclamer de Rousseau, qu'on lise ces lignes de M. Faguet : « Il n'est pas douteux que le progrès et la civilisation n'aient été les résultats de la lutte pour la vie et pour le bien-être. — Précisément, répond le socialiste, c'est *la civilisation* qui a tort, c'est la civilisation qui est un leurre, une duperie et une illusion. A cette civilisation l'humanité sacrifie son sang, sacrifie la vie de milliers d'êtres, et elle n'en est pas plus heureuse pour cela. C'est à un état, sinon primitif, car on n'en sait rien, mais c'est à un état inverse de cette fameuse civilisation, c'est à un état auquel la civilisation, depuis des milliers d'années tourne le dos, qu'il faut revenir; entendons, à un état, où les faux biens, richesses, honneurs, gloire, c'est-à-dire toutes *les inégalités* soient complètement et profondément méprisées. Voilà l'essence du socialisme. » (*Le Socialisme en 1907*, p. 316). J'ajoute, et le lecteur a sans doute déjà ajouté: voilà l'essence même et presque les expressions du Discours sur l'inégalité (1).

Quelle a été, du Discours sur l'inégalité aux doctrines socialistes, la succession des idées, c'est un sujet infini, et que je ne puis songer à traiter ici; ce que j'ai à en dire trouvera sa place ailleurs quand j'essaierai, à propos du *Contrat social*, de déterminer, si possible, l'influence politique de Rousseau. Je voudrais seulement, avant de quitter le Discours sur l'inégalité, indiquer combien Rousseau, dès ce Discours, s'éloigne des philosophes et les devance dans ses revendications. Ces inégalités sociales, dont il se plaint si amèrement dans son Discours, les philosophes ne voulaient que les rendre moins choquantes et moins oppressives. Ils demandaient, par exemple, non la suppression des privilèges, mais qu'on ne donnât pas aux privilégiés toutes les places et tous les honneurs; en un mot, ils ne prétendaient pas abolir les inégalités, parce que c'était abolir la société, et que de cette société ils ne prétendaient que corriger les abus. C'est contre ces inégalités même que s'insurge Rousseau : car enfin pourquoi y a-t-il des riches et des pauvres, et de quel droit les riches tiennent-ils donc leurs richesses? du droit de propriété? mais c'est le droit des « imposteurs ». La propriété, pas plus que la société, n'est conforme à la loi de nature. Vous n'en voulez, semblait-il dire aux philosophes, qu'aux abus de la société : mais ne voyez-vous pas que la société elle-même est un abus, et le plus grand de tous, puisqu'il est la source de tous les autres? Je sais bien que Rousseau défendra, en d'autres écrits,

(1) Je lis dans le *Petit Provençal* du 24 avril 1908, sous la signature du docteur Flaissières, sénateur des Bouches-du-Rhône, cette phrase qu'on dirait extraite du *Discours sur l'inégalité* : « Nous (les socialistes) nous sommes d'accord (avec les radicaux-socialistes) sur ce fait principal, que la société actuelle *n'est pas conforme à la loi de nature qui a fait l'homme l'égal de l'homme.* »

ce droit de propriété, qu'il s'efforcera même de l'inculquer à Emile ; mais le cri est jeté, et c'est bien, j'emprunte ce mot à une lettre de lui, contemporaine du second Discours, c'est bien « le cri des opprimés » : Vous oubliez que *les fruits sont à tous* et que *la terre n'est à personne* ! C'est là, jusqu'à l'époque de Rousseau, une des paroles les plus graves qui aient été dites ; et c'est, contre l'ordre de choses établi, la plus redoutable menace qui ait été proférée par une bouche humaine. Je m'exprime mal sans doute, car cette parole n'a pas été proférée, elle a été écrite : mais, à la lire, encore aujourd'hui, il semble vraiment que le papier prenne une voix ; on croit entendre la strophe révolutionnaire, les derniers accents surtout que je viens de citer et qui sonnent comme un refrain de guerre : et, en effet, cette protestation vibrante contre « les usurpateurs de la terre » sera, à travers les âges, l'émouvant, l'éternel refrain du pauvre.

CHAPITRE X

UN VOYAGE A GENÈVE (1754)

Le succès du *Devin du Village* avait un peu augmenté les ressources de Rousseau : aux 100 louis que lui avaient rapportés les représentations de cette pièce si l'on ajoute 50 louis donnés par Mme de Pompadour, 50 autres qu'il avait tirés de son opéra et 500 enfin qu'il avait reçus de son éditeur, cela lui faisait une somme de 700 louis, laquelle, ajoutée à ses appointements de secrétaire, allait le mettre en état de subsister plusieurs années et, en attendant, de faire un voyage en Suisse. Je crois voir à ce voyage deux mobiles : l'un, qu'il a confié à son ami, le pasteur Perdriau (lettre du 28 novembre 1754) et qui était l'espoir d'obtenir du Conseil et de la République de Genève la permission de leur dédier son Discours sur l'inégalité ; et l'autre mobile, qu'il n'a dit à personne, mais qu'il est permis de deviner, c'était d'aller montrer à ses compatriotes l'illustre auteur du *Devin du Village*. Son ami Gauffecourt devant faire un voyage à Genève, il partit avec lui le 1er juin 1754 et emmena Thérèse, dont les soins lui étaient devenus nécessaires.

Chemin faisant, il a sa première désillusion sur l'amitié, et nous, notre première défiance à l'égard de Thérèse. Gauffecourt aurait obsédé de ses propos amoureux, voire obscènes, la

Bibliographie : *Confessions*, P. II. L. VIII. — Sayous : *Le XVIIIe siècle à l'étranger*. — Bosscha : *Lettres inéd. de Rousseau à M. M. Rey*, Didot, 1858. — Eug. Ritter : *Etrennes chrétiennes*, 1884. — Edouard Rod : *L'affaire J. J. Rousseau*, Perrin, 1906. — *Annales J. J. Rousseau*, t. II.

pauvre Thérèse. Or nous savons un peu qui est Thérèse : de l'aveu de Rousseau, elle n'est plus alors « ni belle ni jeune » ; et, au point de vue intellectuel, c'est une oie. Quant à Gauffecourt, il a plus de soixante ans, il est podagre ; et, d'autre part, il quitte Paris, où il est reçu familièrement dans la meilleure société. Et c'est cet homme — dont Rousseau, avant ce voyage, nous a fait un éloge enthousiaste —, qui aurait essayé de séduire une femme qui s'appelait Thérèse et qui d'ailleurs, c'est le joli mot qu'emploie Jean-Jacques, « appartenait à son ami ». Y a-t-il à cette trahison la moindre vraisemblance? Ce qui me paraît vraisemblable, c'est ceci : Thérèse, quoique très sotte, ne manque pas d'une certaine rouerie. Il est très possible que Gauffecourt, très galant avec les femmes, ainsi nous le peint Mlle d'Ette, ait dit quelques mots un peu lestes, peut-être simplement des fadeurs sans conséquence ; et cette bête de Thérèse, qui ne sait pas que ces propos galants ne signifient rien du tout, étant, au dix-huitième siècle, monnaie courante et, pour ainsi dire, politesse obligée envers les femmes, s'en sera d'abord choquée et les aura répétés à Rousseau; puis, voyant l'effet produit par ses discours, elle a voulu se rendre intéressante, montrer à son amant qu'elle avait fait impression sur un homme du monde tel que Gauffecourt ; et comme Rousseau (c'est dans son caractère), a dû prendre feu dès ses premiers mots, elle a brodé tout ce qu'elle a voulu : Gauffecourt lui a offert sa bourse, il s'obstinait à lui lire un livre abominable plein de « figures infâmes »; et Rousseau, qui juge Thérèse trop bornée pour inventer la moindre histoire, a cru, sans hésiter, et nous a raconté, sans broncher, toutes ces billevesées. Mais il se garde bien d'avoir avec le séducteur la moindre explication : il ne faut pas, c'est toujours lui qui parle « exposer Thérèse »! et à Lyon il se débarrasse enfin de ce « bouc ». Fiez-vous après cela aux meilleurs amis ! « douce et sainte illusion de l'amitié ! c'est Gauffecourt qui leva le premier ton voile à mes yeux. » Heureusement il lui restait — il lui restera toujours — Thérèse et nous allons la retrouver entre Rousseau et ses amis en des circonstances plus graves ; mais l'anecdote de Gauffremont méritait d'être contée — et commentée — à cause de ce qui va se passer bientôt à la Chevrette.

A Lyon, Rousseau prit sa route par la Savoie ; il voulait revoir sa chère maman, ce qui l'honore, et, sans doute aussi, ce qui est une fierté bien légitime, il désirait lui raconter comment le « petit », parti des Charmettes, avait fait son chemin dans le monde. Hélas ! il la trouva, c'est son mot, dans le plus triste « avilissement ». Était-ce là cette Mme de Warens si élégante à qui le curé de Pontverre l'avait adressé jadis ? il ne la reconnaissait plus, tant elle était déchue. Ému de pitié, il tenta, nous assure-t-il, de l'emmener avec lui ; mais Mme de Warens refusa de le suivre. Si le fait est vrai, Mme de Warens n'eut pas tort : qu'aurait-elle fait dans la maison de Thérèse Le Vasseur ? et qu'aurait-il fait lui-même au milieu de ces deux femmes si différentes d'éducation, une grande dame et une lingère ? mais surtout se figure-t-on Rousseau faisant son entrée dans la pudibonde Genève, escorté de deux femmes, dont aucune n'était sa femme ? Il se contenta, en définitive, de donner quelque argent à celle qui lui avait tant donné. Mme de Warens devait mourir dans la misère et, j'en ai bien peur, dans l'abjection, le 30 juillet 1762. A cette date, Rousseau, décrété de prise de corps par le Parlement de Paris, quittait Montmorency et allait se réfugier en Suisse ; fin septembre il ignore encore sa mort ; il ne l'apprend par Conzié que le 5 octobre 1762. Il en parle dans ses *Confessions*, et, à ce propos, il voit « son âme douce et bienfaisante dans le séjour des bons, auprès des Fénelon, des Bernex et des Catinat », société bien inattendue pour la pauvre pécheresse qu'avait été ici bas Mme de Warens. Ce qui est plus touchant que cette oraison funèbre, c'est que les dernières lignes que Rousseau devait écrire sont consacrées à sa bienfaitrice. Qui ne se rappelle le gracieux début de la dixième *Rêverie* : « Aujourd'hui, jour de Pâques fleuries, il y a précisément cinquante ans de ma première connaissance avec Mme de Warens. Elle avait 28 ans alors, étant née avec le siècle ; je n'en avais pas encore 17... » A ce mélancolique souvenir Rousseau s'attendrit ; il revoit « la maison isolée au penchant d'un vallon », qu'on appelait d'un nom si doux : les Charmettes. Temps heureux, le plus heureux de savie, et que troublait seule la crainte qu'il ne pût durer bien longtemps : car la gêne était déjà dans la maison; mais Rousseau prenait alors la résolution virile de se mettre vite en état « de rendre un jour à la meilleure des femmes l'assistance qu'il en avait reçue... » La *Rêverie* de Rousseau s'arrête ici : la plume lui est tombée des mains avant qu'il ait pu raconter ce qu'il avait fait pour s'acquitter de sa dette : sa dernière phrase a donc été, et cela est fort bien ainsi, pour louer une femme qui lui avait rendu sans doute de bons et de mauvais services, mais qui, en fin de compte, par son hospitalité généreuse et par les loisirs studieux qu'elle lui avait assurés aux Charmettes, avait contribué plus que personne à faire de lui un grand écrivain.

Rousseau, ayant pris congé de Mme de Warens à Chambéry, continua sa route vers Genève. On se rappelle comment il avait jadis quitté cette ville : en apprenti qui se sauve de chez son maître ; il y rentrait maintenant en auteur célèbre et en triomphateur. Ses concitoyens lui firent fête : il fut, dit-il, « caressé par tous les états », et il dit vrai. Une lettre d'un contemporain, datée de l'automne de 1754, nous apprend que « tout Genève l'a vu (Rousseau), depuis le sceptre (les magistrats qui portent le bâton syndical) jusqu'à la houlette » (pastorale) (1). Il renoua à Genève d'anciennes connaissances, en fit de nouvelles ; mais ces amis genevois, nous attendrons pour faire connaissance nous-même avec eux, qu'ils entrent en scène après la condamnation de l'*Emile*. De tous les amusements que lui offrirent ses concitoyens, celui qu'il goûta le plus ce fut une promenade sur le lac, qu'il fit en bateau avec De Luc le père, un horloger lettré, ses deux fils, sa bru et Thérèse. « Nous mîmes, disent les *Confessions*, sept jours (lisez six) à cette tournée, par le plus beau temps du monde. J'en gardai le vif souvenir des sites qui m'avaient frappé à l'autre extrémité du lac et dont je fis la description quelques années après dans la *Nouvelle-Héloïse.* »

(1) Eug. Ritter : *Étrennes chrétiennes*, 1884.

Guillaume-Antoine de Luc a noté dans son livre de famille que le départ eut lieu le 22 septembre; à l'exception du souper, dit-il, les voyageurs prenaient ordinairement les autres repas sur le rivage et couchaient dans un des bourgs ou villages qui sont si agréablement situés le long des rives. Dans l'itinéraire de cette excursion, bien faite pour ravir Jean-Jacques, je relève les noms suivants, que nous retrouverons dans la *Nouvelle-Héloïse* : « le dimanche, dîner sur l'herbe à Hermance, couché à *Meilleraie*; un autre jour couché à *Vevai* »; le vendredi on rentre aux Eaux-Vives, où est descendu Rousseau (1).

Ce qui, par dessus tout, le réjouit dans ce séjour de quatre mois à Genève, ce fut, nous dit-il, « de respirer l'air libre d'une république au sortir d'un pays despotique ; arrivé dans cette ville, je me livrai à l'enthousiasme républicain... et à la joie patriotique. » Ces belles paroles sont jetées là très habilement pour préparer et justifier ce qui va suivre. Rousseau, à peine arrivé à Genève, abjura le catholicisme. Il avait perdu ses droits de bourgeoisie ; s'il voulait les reconquérir, il fallait retourner au protestantisme ; la cité de Calvin, alors très intolérante, n'admettait pas dans son sein des « citoyens » catholiques. Le patriotisme donc, si l'on veut, conseillait à Jean-Jacques de changer une seconde fois de religion : au fond, et c'est ce que nous constaterons quand il s'agira de définir la religion de Rousseau, il n'était pas plus, à cette date, protestant que catholique ; sa religion était la religion naturelle. Rousseau se soumit donc respectueusement aux instructions du pasteur de la paroisse où il logeait. L'édit ecclésiastique exigeait qu'il comparût en consistoire ; on l'en dispensa et l'on nomma une commission de cinq ou six membres, chargés de recevoir sa profession de foi. Le registre du Consistoire, à la date du 25 juillet 1754, mentionne ce qui suit : « M. le pasteur Maystre a dit que le sieur Rousseau

(1) Pages inéd. de J.-J. R., publiées par M. Théophile Dufour, *Annales J.-J. R.*, II.155. Le 20 juillet (1754) il avait écrit à Mme Dupin ; « J'ai pris hors ville un petit logement au bord du lac et dans une situation délicieuse qui me rappelle celle de Chenonceaux. On ne peut rien ajouter aux bontés avec lesquelles j'ai été reçu... » *Portefeuille de Mme Dupin*, 343).

citoyen ayant été *conduit en* France dès son bas âge, y avait été *élevé* dans la religion catholique romaine et l'avaît professée pendant plusieurs années ; que, *dès qu'il a été éclairé* et reconnu ses erreurs, il n'en a plus continué les actes ; qu'au contraire il a dès lors fréquenté *assidument* (!) les assemblées (protestantes) de dévotion à l'hôtel de M. l'ambassadeur de Hollande à Paris... a demandé à ne pas comparaître céans ; sur quoi étant opiné, on a représenté que le sieur Rousseau est actuellement atteint d'une maladie *très dangereuse* (qui ne l'empêchera pas d'aller excursionner sur le lac) ; que d'ailleurs il est d'un caractère timide, et reconnu, même par les personnes les plus jalouses de son mérite, pour avoir des mœurs pures et sans reproche. » On voit qu'il y avait des accommodements, même avec le Consistoire. Rousseau paya la taxe des gardes, soit dix-huit florins et il fut admis à la communion (1).

On a lu plus haut que le Consistoire proclamait hautement « les mœurs pures et sans reproche » de Rousseau : et Thérèse ? que pensait-on de Thérèse ? sur ce sujet délicat il existe un document très curieux, trouvé par M. Rod dans le recueil Adert, et que M. Rod analyse de la façon piquante que voici : c'est De Luc qu'on chargea d'informer sur ce qui concernait Thérèse. « Il se rendit à Grange-Canal, où demeurait le ménage, interrogea les deux complices, et, rentré chez lui, coucha sur le papier les réponses qu'il avait reçues. Celle de Jean-Jacques est brève, un peu embarrassée : il invoque sa santé qui le mettrait hors d'état de justifier le soupçon dont il est l'objet : et il évite de parler du passé. Quant à Thérèse, elle raconte longuement une histoire extraordinaire, compliquée et romanesque (qu'on juge par là de sa véracité) : frappée un jour d'un coup de pied en approchant de deux hommes qui se battaient dans la rue, elle s'évanouit. Rousseau venait alors d'être malade, et demeurait chez la mère Le Vasseur, par qui Mme Dupin l'avait fait soigner. Emu de pitié, il cède sa chambre à la blessée, s'occupe d'elle, lui amène des médecins célèbres, la sauve ! alors, par reconnaissance, elle se

(1) Eug. Ritter : Etrennes genevoises, 1884.

consacre tout entière à le soigner ! De Luc était résolu à faciliter la réintégration de Rousseau : il avala bravement ce conte à dormir debout. Et le Consistoire dut l'avaler après lui (1). »

Après quatre mois de séjour à Genève, pendant lesquels il médita, sur les bords du lac, ses *Institutions politiques* et, en même temps, une *Histoire du Valais* qu'il n'écrivait pas, et une tragédie en prose, *Lucrèce*, dont nous n'avons que des fragments très courts, il partit pour Paris le 10 octobre 1754. Dès son arrivée, il se mit à corriger les épreuves de son *Discours sur l'Inégalité*; il en avait confié l'impression à un libraire de Hollande, le fameux Marc-Michel Rey, qu'il avait rencontré à Genève : il en fera son éditeur préféré et son ami. Les lettres qu'il échange avec lui, au sujet de son Discours, nous montrent le soin infiniment minutieux qu'il apporte à la correction de ses ouvrages. Il ne tient pas du tout, c'est entendu, à la réputation d'homme de lettres ; mais il ne veut rien donner au public qui ne soit, pour l'impression aussi bien que pour le style, aussi parfait que possible. Telle feuille, qu'il renvoye à Rey, « a été lue par quatre personnes différentes » ; il est « mortifié que, malgré tous ses soins, il y ait encore des fautes » dans les épreuves reçues. Il prévoit jusqu'aux erreurs qu'à bonne intention pourraient commettre les protes. Et voici, à ce propos, un petit fait curieux et significatif en même temps. Je remarque que Fréron, dans son *Année littéraire* (1755, t. IV) donne comme exemple du mauvais style de Rousseau l'expression, employée dans le Discours, de *tourbe philosophesque*. Or Rousseau sait très bien ce qu'il fait en écrivant ainsi : il tient beaucoup à ce mot qui est mis là exprès pour vexer les philosophes et il écrit à Rey : « Pour prévenir une faute presqu'immanquable, je dois vous avertir qu'il y a... ces mots : *tourbe philosophesque*. Je vous prie d'avoir attention que l'imprimeur mette ainsi et non pas (ce qu'aurait voulu évidemment Fréron) *troupe philosophique* (2). »

(1) Ed. Rod. : *L'affaire J.-J. Rousseau*, p. 47.
(2) Bosscha : *Lettres inédites de Rousseau à M. M. Rey*, Didot, 1858, p. 19.

Voilà qui est bien : Rousseau, dès son second Discours, tient à ne pas être confondu avec les « philosophes » ; d'abord parce qu'il ne partage pas, je l'ai montré, toutes leurs idées; mais aussi parce qu'il ne veut pas être perdu et noyé dans leur tourbe médiocre et moutonnière ; il ne se sent pas seulement différent d'eux, mais supérieur à eux tous, en quoi il ne me paraît pas avoir tort.

Les lettres à Rey nous donnent, en outre, le premier exemple du genre d'agrément qu'il y avait déjà à correspondre avec Rousseau ; et je ne parle pas des emportements, excusables chez un auteur, contre les lenteurs et les fautes répétées d'un imprimeur : impression à part, Marc-Michel, voulant être aimable, avait écrit le 3 janvier à Mlle Le Vasseur, heureusement à l'insu de Rousseau (« car si cette lettre avait passé par mes mains, Monsieur, elle ne l'aurait jamais eue ») ; et il avait eu la galanterie de lui annoncer « un présent » : dans l'espèce, une belle robe de Hollande. Rousseau se résigne à la robe; mais le 29 mai, la robe n'était pas encore arrivée et Rousseau, au lieu de n'en plus parler, puisque l'annonce de ce présent l'a fâché, écrit à l'oublieux Marc-Michel : « Je ne vous parle point de la *gasconnade* à Mlle Le Vasseur. Votre lettre l'avait mise aux champs; je l'ai apaisée par une autre robe, à la place de celle que vous lui annonciez. » Qu'il se dispense donc, s'il y songeait de nouveau, d'envoyer la robe promise, car « assurément elle ne serait pas reçue. » L'incident est mince : mais il nous édifie sur le tact et l'humeur de Rousseau : il peut se vanter, comme il le fait sur tous les tons, d'avoir laissé leurs belles manières aux Parisiens.

L'ouvrage parut sous le titre suivant : « Discours sur l'origine et les fondements de l'inégalité parmi les hommes, par Jean-Jacques Rousseau, citoyen de Genève. Non in depravatis, sed in his quæ secundum naturam se habent, considerandum est quid sit naturale. Aristot. Politic. L. 2. A Amsterdam, chez Marc-Michel Rey, 1755 ». Il était précédé d'une longue Dédicace, que Rousseau avait terminée à Chambéry : il n'était donc pas, à Chambéry, tout entier au plaisir de revoir la chère maman ! Il faut dire un mot de cette Dédicace : comme s'il n'y avait pas assez de paradoxes dans le texte même, Rousseau avait éprouvé le besoin d'en inscrire un de plus au frontispice même de son ouvrage. Il dédie, en effet, aux magnifiques et souverains seigneurs de l'État de Genève un livre où il déplore la naissance de tout État. C'est à bon droit que Philopolis (Charles Bonnet), dans la lettre à Rousseau dont j'ai parlé, s'étonnait que celui-ci, ayant si bien montré, dans sa Dédicace, les avantages d'un bon gouvernement, les eût si parfaitement perdus de vue dans son Discours. Rousseau lui répliqua : « Dans mon épître dédicatoire, j'ai félicité ma patrie d'avoir un des meilleurs gouvernements qui puissent exister ; j'ai prouvé dans mon Discours qu'il devait y avoir très peu de bons gouvernements ; je ne vois pas où est la contradiction que vous me reprochez en cela. » Elle est, selon moi, dans les éloges dithyrambiques qu'il donne à un gouvernement (celui de Genève) et dans les malédictions que, dans le corps du Discours, il lance à *tout* gouvernement. Il admet, et il le faut bien, le gouvernement comme un mal nécessaire ; mais on ne loue pas, avec de telles hyperboles, ce qui reste toujours un mal.

Envisagée d'ailleurs en elle-même, cette épître dédicatoire présentait au public une image beaucoup trop flattée de la République de Genève. S'il avait eu, dit Rousseau, à choisir le lieu de sa naissance, il aurait choisi : un pays libre, soumis à une constitution « dictée par la libre raison », des magistrats modérés, des citoyens unis entre eux, jouissant tous du droit de législation, méprisant un vain luxe, guidés enfin dans le sentier de la vertu par des pasteurs vénérables, pleins de douceur pour autrui. Voilà (j'ai résumé la dédicace) la cité selon son cœur et voilà justement où le ciel l'a fait naître.

Sans empiéter sur l'avenir, qui nous montrerait un Rousseau en querelle avec ces ministres, dont il appréciera moins alors « la douceur », en querelle même avec toute une partie de cette cité, où il sèmera la discorde ; si je considère seulement l'état de la république genevoise au moment même où Rousseau en fait un si pompeux éloge, je ne craindrai pas de dire, et cela me dispensera de plus amples commentaires, qu'en 1755 Rousseau aurait très bien pu adresser à sa patrie, *au lieu de* ses éloges dithyrambiques, quelques unes des critiques essentielles de ses deux Discours à la fois. Non seulement on cultivait avec succès à Genève ces sciences, objet de son animadversion ; mais encore le luxe (sciences et luxe, c'était tout le premier Discours) s'était installé dans la cité de Calvin à la suite des progrès de l'industrie et des spéculations hardies des financiers genevois. Quant à l'inégalité des conditions (et c'est le fond du second Discours) elle éclatait à tous les yeux, dans cette même cité, aggravée qu'elle était par les distinctions politiques : « le souverain, c'était le corps des citoyens, composé tout au plus d'un millier de bourgeois... ; le reste de la population n'intervenait ni de près ni de loin dans les affaires de la république (1). » Ces distinctions sociales, Rousseau les connaissait mieux que personne ; il savait aussi, il venait d'en faire l'expérience, qu'à Genève on n'était pas citoyen si l'on n'était pas protestant : mais il fallait bien opposer au luxe corrupteur et à tous les vices de la France despotique les vertus et les perfections de la Genève républicaine. Il convient d'ajouter, pour être juste envers lui, que lorsqu'il écrit cette Dédicace, se livrant tout entier à son « enthousiasme républicain », il s'exalte au souvenir de ses années d'enfance, il évoque la mémoire de son père qui « l'entretint si souvent », ce qui est vrai, des raisons d'aimer sa patrie. Et enfin il songe, je crois, à se concilier les bonnes grâces des « magnifiques et très honorés seigneurs », pour le cas où il lui prendrait un jour fantaisie de se fixer enfin, après avoir tant vagabondé, dans cette ville où il a des amis et des admirateurs, et où il va reconquérir ses droits de bourgeoisie.

Effectivement il hésite quelque temps, après sa rentrée à Paris, sur le choix d'une résidence définitive : il a gardé le doux souvenir des « honnêtetés » dont il a été l'objet dans sa ville natale et il a promis, avant son départ, au bonhomme De Luc, de revenir à Genève dès qu'il aura mis ordre à ses affaires. Dans une lettre à Vernes, du 6 juillet 1755, il exprime encore l'espoir

(1) Sayous : *Le dix-huitième siècle à l'étranger*, Didier, 1871, I, 227.

de retourner en Suisse « au printemps prochain ». C'est alors que Mme d'Epinay lui offrit la petite maison de l'Hermitage ; Rousseau, après s'être fait prier, accepta cette offre et c'est à l'Hermitage que nous allons le voir s'installer dans le chapitre suivant, qui sera le chapitre de ses grandes brouilleries avec ses meilleurs amis.

CHAPITRE XI

ROUSSEAU A L'HERMITAGE

I

Il y a, dans la vie de Rousseau, deux époques capitales : l'une est le temps qu'il passa aux Charmettes (de 1738 à 1740) ; l'autre est son séjour à l'Hermitage, continué par le séjour à Montmorency (de 1756 à 1762). Aux Charmettes, on l'a vu, Rousseau a, pour la première fois, étudié sérieusement et avec méthode ; il a fait des lectures suivies ; il s'est muni, en un mot, des connaissances qu'il juge indispensables pour faire valoir un talent, dont il ne sait pas encore très bien la nature, mais dont il n'a jamais mis en doute l'existence.

BIBLIOGRAPHIE. — J.-J. Rousseau : *Confessions*, Partie II, livres VIII, IX, X, et Correspondance. — Mme d'Épinay : Mémoires, t. II. — Streckeisen-Moultou : *J.-J. Rousseau, ses amis et ses ennemis*, 1865, t. I. — Eug. Ritter : *Zeitschrift für neufranzös. Sprache und Literatur*, 1880, t. II. — H. Buffenoir : *La comtesse d'Houdetot, une amie de J.-J. Rousseau*, 1901, et : *La comtesse d'Houdetot, sa famille et ses amis*, 1905. — *Annales J.-J. Rousseau*, I, 1905. — Frederika Macdonald : *J.-J. Rousseau a New-Criticism*, London, 1906, 2 vol. in-8°.

Pour le présent chapitre, je me suis efforcé de lire *en critique*, aussi bien les *Confessions* de Rousseau que les *Mémoires* de Mme d'Epinay, de contrôler ces ouvrages l'un par l'autre, et tous les deux à la fois, par les recherches de l'érudition contemporaine, sans oublier l'ouvrage récent et *partial* de Mme Macdonald ; et, là où l'érudition n'a rien à dire, je n'ai pas craint de hasarder des conjectures dont on appréciera la valeur : je n'ai prétendu atteindre, en les formulant, que cette vérité approximative dont l'historien de Rousseau, faute de documents précis, est bien obligé parfois de se contenter. Le tout est de les donner pour ce qu'elles valent, à savoir pour l'explication la plus raisonnable, ou qui a paru telle, des étrangetés qui abondent dans la vie d'un des hommes les plus singuliers qui aient jamais existé. Je reprendrai, quand j'étudierai le fameux « complot » formé contre Rousseau par Grimm et « la côterie holbachique », la thèse soutenue par Mme Macdonald et je discuterai alors en détail la valeur et surtout la portée des documents qu'elle a donnés dans son volumineux ouvrage.

Et le voici maintenant à l'Hermitage : ce talent, il vient d'en donner des preuves éclatantes dans ses deux *Discours* et il en connaît parfaitement le genre et la portée : il parle, dans ses *Confessions*, du « vol qu'il avait pris (à cette date) et qu'il se sentait en état de soutenir. » Il sait qu'il est capable de faire mieux que des discours, de vrais livres. Ces livres, il en a déjà dans la tête le premier dessin et certaines idées maîtresses et, sans doute aussi, certains développements et même des phrases toutes faites ; car pour l'orateur et le poète, et il est l'un et l'autre, les idées se présentent à l'esprit, tantôt, si l'on est orateur, ramassées en formules brillantes et sonores ; tantôt, si l'on est poète, incarnées dans des êtres d'imagination que le poète croit voir, qu'il entend dire des mots expressifs et des phrases touchantes ; — or, tout cela, projets d'ouvrages, idées ébauchées ou phrases commencées, s'agite et fermente dans sa tête et c'est tout cela qui va se préciser et prendre corps dans la solitude à l'Hermitage et à Montmorency. C'est là, en effet, que, dans l'espace de six ans, il écrit la *Nouvelle Héloïse,* le *Contrat social* et l'*Émile*. Se rappelant plus tard ces années si remplies, il pouvait se rendre ce témoignage : « J'étais assez magnifique en projets; mais dans les tracas de la ville, l'exécution avait marché lentement. J'y comptais mettre un peu plus de diligence quand j'aurais moins de distraction. Je crois avoir assez bien rempli cette attente et, pour un homme souvent malade, souvent à la Chevrette, à Épinay, à Eau-Bonne ou au château de Montmorency, souvent obsédé chez lui de curieux désœuvrés et toujours occupé la moitié de la journée à la copie, si l'on compte et mesure les écrits que j'ai faits dans les six ans que j'ai passés tant à l'Hermitage qu'à Montmorency, l'on trouvera, je m'assure, que, si j'ai perdu mon temps dans cet intervalle, ce n'a pas été du moins dans l'oisiveté. »

Pour le paresseux, en effet, qu'il dit être, il n'avait pas trop mal employé son temps : en six années, trois chefs-d'œuvre, dont deux, l'*Émile* et la *Nouvelle Héloïse*, avaient un nombre de pages considérable. Comment cela s'est-il fait ? Comment un homme a-t-il pu, en si peu de temps, écrire trois grands ouvrages à la fois, et si différents l'un de l'autre, puisque l'un est un roman, l'autre un traité politique et le troisième un traité d'éducation, trois ouvrages enfin si incontestablement originaux, aussi bien pour le fond que pour la forme ? Il n'y a pas, je crois, dans toute l'histoire des littératures, un second exemple d'une aussi prodigieuse fécondité ; et, si l'on veut bien se souvenir que, pendant ces six années, et sans parler de son travail de copiste de musique qui lui prenait, si on l'en croit, ses matinées, sans compter même ni sa *Lettre d'Alembert sur les Spectacles*, ni ce *Dictionnaire de musique*, qu'il composait pour se délasser et qui sera d'ailleurs si volumineux ; si l'on veut bien, dis-je, se rappeler que cet homme, dans le temps qu'il écrivait ces trois grands ouvrages qui vont agiter son siècle et les siècles à venir, a été en proie aux plus violentes discordes avec ses meilleurs amis, qu'il a subi ou provoqué les scènes les plus violentes et les plus atroces jusqu'à son propre foyer ; et qu'enfin, à travers les ruptures les plus douloureuses avec ses amis et ses bienfaiteurs, il s'est laissé emporter à la passion, non seulement la plus ardente, mais, à la lettre, la plus enrageante aussi, qui puisse faire perdre la tête à un homme, on sera confondu de tout ce qui couvait jusque là de flamme et de génie dans sa tête et dans son cœur.

L'on comprendra aussi cette nouvelle singularité d'un homme qui, il avait en partie raison de le dire, n'était pas fait comme les autres hommes : pendant ces rapides années de l'Hermitage et de Montmorency, les chefs-d'œuvre, on l'a vu, succèdent aux chefs-d'œuvre : c'est, après la *Lettre à d'Alembert*, la *Nouvelle-Héloïse*, puis le *Contrat social*, puis l'*Emile* (1) ; tous les domaines de la pensée étaient abordés à la fois et renouvelés par un écrivain qui était un penseur, un orateur et un poète ; et l'on pouvait croire qu'un si riche génie allait continuer à répandre

(1) Je discuterai en leur temps les différentes dates auxquelles Rousseau a dû écrire ces différents ouvrages : « Je ne puis tout dire à la fois », comme dit quelque part Rousseau. J'accepte donc ici *provisoirement* la succession des ouvrages telle qu'elle est généralement présentée dans les *Œuvres de Rousseau*.

dans de nouvelles œuvres cette surabondance d'idées qui émerveillait les contemporains et qui semblait inépuisable : mais, nouvelle surprise, après le *Contrat social*, Rousseau n'écrit plus rien... que des Lettres et des Mémoires, et sa carrière d'écrivain, ou, du moins, de penseur original, est finie. C'est que ces années de l'Hermitage et de Montmorency, ces années d'une si extraordinaire et si fiévreuse activité, l'avaient épuisé : il avait trop vécu, en trop peu de temps, à la fois par la pensée, par l'imagination et par toutes ses passions déchaînées, la jalousie, la colère et l'amour ; il s'était comme dévoré lui-même et anéanti par tant d'efforts et par tant de secousses, auxquelles allaient maintenant s'ajouter les amertumes de l'exil. On avait assisté à l'éruption soudaine d'un volcan qui avait ébloui le monde — et ravagé tout son entourage — et brusquement le volcan s'était éteint: après l'Hermitage et Montmorency, la nuit va se faire dans le génie et parfois dans la raison de Rousseau ; de ce travail si acharné, traversé par tant de déboires, il gardera toute sa vie un ébranlement qui, s'il n'aboutira peut-être pas, confinera tout au moins, à la folie.

Il n'y a donc pas de période plus agitée ni plus importante dans la vie de Rousseau que son séjour à l'Hermitage, car c'est là surtout que, dans les querelles avec ses amis, se révèle pleinement son étrange caractère. Et pourtant ce séjour n'a jamais été l'objet d'une étude à la fois *minutieuse* et vraiment *impartiale* : c'est une telle étude que je voudrais essayer de faire dans les pages qui suivent.

II

On connaît le récit des *Confessions* : « M. d'Epinay, voulant ajouter une aile qui manquait au château de la Chevrette, faisait une dépense immense pour l'achever. Etant allé voir un jour, avec Mme d'Epinay, ces ouvrages, nous poussâmes notre promenade un quart de lieue plus loin, jusqu'au réservoir des eaux du parc, qui touchait à la forêt de Montmorency, et où était un joli potager, avec une petite loge fort délabrée, qu'on appelait l'Hermitage. Ce lieu solitaire et très agréable m'avait frappé, quand je le vis pour la première fois (en 1754), avant mon voyage à Genève. Il m'était échappé de dire dans mon transport : « Ah ! Madame, quelle habitation délicieuse ! voilà un asile tout fait pour moi ». Mme d'Epinay ne releva pas beaucoup mon discours ; mais à ce second voyage, en 1755, je fus tout surpris de trouver, au lieu de la vieille masure, une petite maison presque entièrement neuve, fort bien distribuée, et très logeable pour un petit ménage de trois personnes. Mme d'Epinay avait fait faire cet ouvrage en silence et à très peu de frais, en détachant quelques matériaux et quelques ouvriers de ceux du château. Au second voyage, elle me dit, en voyant ma surprise : « Mon ours, voilà votre asile ; c'est vous qui l'avez choisi, c'est l'amitié qui vous l'offre ; j'espère qu'elle vous ôtera la cruelle idée de vous éloigner de moi. » Je ne crois pas avoir été de mes jours plus vivement, plus délicieusement ému : je mouillai de pleurs la main bienfaisante de mon amie, et si je ne fus pas vaincu dès cet instant même, je fus extrêmement ébranlé. »

Si je prends à la lettre ce que nous raconte Rousseau lui-même, je ne puis m'empêcher de remarquer que, dès sa première visite à l'Hermitage, il pousse un cri tout au moins indiscret : il va partir pour Genève ; reviendra-t-il à Paris, c'est-à-dire auprès de Mme d'Epinay qui l'a admis dans son intimité, qui a dû combattre plus d'une fois ses vagues projets d'aller se fixer à Genève, et, chemin faisant, en présence de cette amie qu'il va quitter peut-être pour toujours, « il lui échappe » (l'expression est-elle exacte ?) de dire avec transport : « ah ! Madame, voilà un asile tout fait pour moi. » Sans insister autrement sur l'opportunité de ce cri, on peut se demander si, à sa seconde visite à l'Hermitage, Rousseau fut aussi « surpris » qu'il l'assure de l'offre que lui fit Mme d'Epinay. Mme d'Epinay lui offre donc, entièrement mis à neuf, l'asile que, lui dit-elle, et le mot n'est que juste, « il s'est choisi lui-même. » Que fait Rousseau ? il « mouille de pleurs la main bienfaisante » qui a ainsi pourvu à son logement et remarque, en même temps, que « Mme d'Epinay avait fait faire cet ouvrage à très peu de frais. » Et ainsi, dès le début d'une liaison qui va devenir si orageuse, nous sommes prévenus, par Rousseau lui-même, que nous avons, d'un côté, une femme pleine de charmantes attentions pour ses amis, et, de l'autre, un homme, à la vérité, sensible jusqu'à pleurer, mais capable aussi de voir, à travers ses larmes, et de nous dire ce qu'a coûté la maison qu'on lui offre gratis.

Au reste il se fait prier; il nous apprend que Mme d'Epinay, « qui ne voulait pas en avoir le démenti, devint pressante », et, à la façon dont il nous présente les choses, c'est Mme d'Epinay qui va être son obligée: « elle employa tant de gens pour me circonvenir, jusqu'à gagner pour cela Mme Levasseur et sa fille ». Ainsi Mme d'Epinay, dans la bonté de son âme, va jusqu'à prier cette mégère, Mme Levasseur, et cette commère, Thérèse Levasseur, de vouloir bien faire accepter son bienfait par ce fier et intraitable Rousseau ; elle est d'ailleurs récompensée de son zèle ; car Rousseau nous apprend qu'elle « triompha enfin de ses résolutions »; et il ajoute, comme pour bien marquer la grandeur du sacrifice qu'il fait à son amie : « renonçant au séjour de ma patrie, je promis (il daigna promettre) d'habiter l'Hermitage. »

S'il renonçait, comme il le dit avec quelque emphase, « au séjour de sa patrie », ce n'était pas du tout pour faire plaisir à Mme d'Epinay, ni même aux dames Levasseur; c'est parce qu'il savait très bien qu'il serait beaucoup mieux à l'Hermitage qu'à Genève. A Genève, il aurait eu pour voisin Voltaire: le voisinage de Mme d'Epinay valait mieux pour lui à tous égards (1). A Genève, on lui offrait, dit-il, une place de bibliothécaire : « cette offre ne l'ébranla pas, parce que son parti était pris »; et, sans doute aussi, ajouterons-nous, parce que la place ne lui était pas définitivement promise et que le traitement en était

(1) Rousseau avait quitté Genève, pour rentrer à Paris, le 10 octobre 1754 : c'est le 12 décembre 1754 que Voltaire faisait sont entrée à Genève. Rousseau avoue, dans ses *Confessions*, qu'il ne voulait pas retrouver, dans son pays, et grâce « à l'influence de Voltaire, le ton, les mœurs, les airs qui, justement, le chassaient de Paris. » Et d'ailleurs, Voltaire était déjà, à Genève, « l'idole des femmes et des jeunes gens. »

des plus modestes (1). A Genève enfin on n'avait pas accueilli, avec l'enthousiasme qu'il espérait, la Dédicace de son second *Discours*, Dédicace qu'il venait d'adresser, sans les consulter, « aux Magnifiques Seigneurs de la République » : il pouvait donc se rendre compte, par ce froid accueil, que « sa patrie », quoique étant, il le disait du moins, le séjour de la liberté, ne serait pas aussi enchantée qu'il l'avait cru, lors de son récent séjour à Genève, de posséder dans ses murs un écrivain aussi audacieux dans ses ouvrages que compromettant dans ses dédicaces. Au contraire, à l'Hermitage, il était libre de ses idées comme de son temps, plus libre encore qu'à Paris, où il se sentait gêné et entravé dans l'expression de sa pensée par ses propres amis : car il ne pensait plus comme eux et il sentait très bien, après son second Discours, que son originalité et sa gloire d'écrivain allaient consister dans son isolement même. Or, pour obtenir, parmi ses contemporains, cette place à part que lui conseillait son ambition et que d'ailleurs allait lui conquérir son génie, que pouvait-il faire de mieux à cette heure que d'aller vivre loin de Paris, loin de Diderot et des Holbachiens, au milieu des bois, au sein même de cette nature qu'il aimait et qui l'inspirait si bien? Il comprit tout cela : aussi comme il était impatient d'aller habiter cet Hermitage auquel il affectait tantòt de tenir si peu ! « L'impatience d'habiter l'Hermitage ne me permit pas d'attendre la belle saison... Je me sentais fait pour la retraite et la campagne... Ce fut le 9 avril 1756 que je quittai la ville pour n'y plus habiter...

Quoiqu'il fit froid et qu'il y eût même encore de la neige, la terre commençait à végéter; on voyait des violettes et des primevères, les bourgeons des arbres commençaient à poindre et la nuit même de mon arrivée fut marquée par le premier chant du rossignol, qui se fit entendre presqu'à ma fenêtre dans un bois qui touchait la maison. Après un léger sommeil, oubliant à mon réveil ma transplantation, je me croyais encore dans la rue de Grenelle, quand tout à coup ce ramage me fit

(1) Voir Eugène Ritter : *Zeitschrift*... p. 317 et *Annales J.-J. Rousseau*, I: 33.

tressaillir et je m'écriai dans mon transport : Enfin, tous mes vœux sont accomplis. (1) » Après tout ce qu'on a écrit sur l'amour de la nature dans Rousseau, je me contenterai de rappeler, à propos de ce passage célèbre, que personne, au XVIIIe siècle, n'était capable de peindre ainsi le charme de la campagne, parce que personne n'était capable de le sentir si vivement et de se sentir soi-même si pleinement heureux, rien qu'à regarder les premières violettes des bois et les premiers bourgeons des arbres. Ce n'est pas ici de la description, comme en va faire ce Saint-Lambert que nous allons rencontrer tout à l'heure, ce n'est pas davantage de l'*écriture*, ce sont les choses mêmes que nous avons sous les yeux et dont nous respirons, avec Jean-Jacques, la naturelle poésie.

Les premiers temps du séjour à l'Hermitage furent délicieux : complètement maître de son temps, pouvant même paresser à sa guise, puisque l'avenir, au moins prochain, était assuré par deux mille francs qui lui restaient de son *Devin du Village* et qui lui permettaient d'entretenir son « petit ménage », composé alors de trois personnes, dont lui, Madame et Mademoiselle Levasseur, Rousseau commença par ranger ses nombreuses « paperasses » et par régler méthodiquement son travail : car il aimait l'ordre en bon Genevois, et même en fils de bourgeois qu'il était, plus bourgeois lui-même, je l'ai dit, par certains de ses goûts, que ne l'ont cru ses biographes, trop préoccupés de nous montrer le vagabond qu'il fut si souvent malgré lui. Le matin serait consacré à la copie et le reste du temps à la promenade, c'est-à-dire à la rêverie et au travail en plein air, car il ne sortait jamais sans son livret blanc et son crayon, ne pouvant, comme on sait, méditer qu'en marchant : « Sitôt que je m'arrête, je ne pense plus, et ma tête ne va qu'avec mes pieds. » Pour les jours de pluie, il avait son *Dictionnaire de musique* à refaire et aussi les innombrables manuscrits de l'abbé de Saint-Pierre, dont il avait, pour

(1) L'Hermitage, d'après les *Mémoires* de Mme d'Epiney, comprenait cinq chambres proprement meublées, une cuisine, une cave, un potager d'un arpent, une source et la forêt pour jardin.

complaire à Mme Dupin, accepté de faire des extraits. Quant aux ouvrages dont l'idée le suivait dans ses promenades, c'était d'abord ces *Institutions politiques* dont il faisait dater la première idée de son séjour à Venise; il n'avait cessé d'y penser depuis et d'y travailler, sans en parler à ses amis, pas même à son plus cher confident, Diderot, et c'est là, ce mystère dont il entoure son travail, un trait à noter dans son caractère : il n'est pas seulement méditatif, il est secret, sur certains tout au moins de ses projets d'ouvrage (sa *Lettre sur les Spectacles* sera une surprise pour tout le monde); c'est par où, non seulement il diffère de son ami, Diderot, qui, lui, n'a rien de caché pour personne, mais c'est par où aussi il lui deviendra incompréhensible : Diderot s'étonnera, s'épouvantera même devant cette singulière nature qu'il croyait connaître à fond et qui brusquement lui échappe et reste impénétrable (1).

D'ailleurs, indépendamment de sa tendance naturelle à se réserver, et aussi de son intention bien arrêtée, je crois, à cette date, de se soustraire à l'influence de ses amis et en particulier de secouer le joug que lui impose « la direction » de Diderot, Rousseau a une raison très particulière de cacher son projet d'ouvrage politique (un fragment de cet ouvrage deviendra, on le sait, le *Contrat social*) : le livre qu'il médite va toucher aux institutions qui sont la base de l'Etat; il faut, pour qu'il soit tel qu'il le désire, c'est-à-dire pour qu'il aille au fond des choses, que Rousseau puisse y dire hardiment toute sa pensée sur ce que doivent être, selon lui, le gouvernement, l'église, la magistrature; or s'il en parle à ses amis, dont le but, plus prochain et plus pratique, est de guerroyer contre les abus actuels et de *fronder* simplement les institutions régnantes, il risque de faire comme eux, c'est-à-dire, d'écrire un pamphlet, au lieu de l'ouvrage philosophique qu'il

(1) Marmontel parlant, dans ses *Mémoires* (livre IV), du temps où il a connu Rousseau dans la société du baron d'Holbach, après voir noté « la politesse timide, quelquefois même obséquieuse et tenant de l'humilité de Rousseau », ajoute que « son regard en dessous observait tout avec une ombrageuse attention, *qu'il se communiquait à peine et jamais ne se livrait.* »

rêve ; eux, ils ne savent, comme il l'a dit, que « détruire », tandis qu'il se pique, lui, « d'édifier » ; il n'a pas, comme eux, et il s'en vante, « l'humeur satirique » ; et d'ailleurs, « des livres de cette nature (comme le Contrat social), demandent de la méditation, du loisir et de la tranquillité » — ajoutons : et de la liberté, et c'est une nouvelle raison de préférer l'Hermitage au séjour de Genève. Il se rend parfaitement compte, en effet, que cette liberté, si nécessaire au plein exercice de sa pensée, s'il peut la trouver quelque part, c'est dans la France du dix-huitième siècle, et non dans son propre pays : « j'aurais été bien moins libre à Genève où, dans quelque lieu que mes livres fussent imprimés, le Magistrat avait droit d'épiloguer sur leur contenu. »

En France, au contraire, il a déjà pu faire imprimer, sans être inquiété le moins du monde, les témérités de son second *Discours* sur la richesse et sur la propriété. Le livre politique qu'il prépare, il le signera de son nom, il demandera, pour l'imprimer, et obtiendra la permission réglementaire ; car, s'il ne veut aucune entrave à sa pensée et à l'expression de sa pensée, il entend se conformer docilement, pour l'impression de tous ses ouvrages, aux lois du pays qui lui donne asile. Tel est son plan et il mûrit lentement, dans la solitude, ses idées politiques ; s'il n'a garde de les confier à Diderot, c'est aussi bien parce que ce serait les confier à tout l'univers et compromettre par avance le succès d'un ouvrage dont le mérite doit être aussi bien dans sa nouveauté que dans sa parfaite unité.

Pour les hommes du dix-huitième siècle, la politique est intimement liée à la morale et, pour certains même des philosophes, elle se confond avec elle : Rousseau songe donc, lui aussi, tout en approfondissant les institutions politiques, à composer un livre de morale, dont il a déjà le titre : la *Morale Sensitive*, mais qu'il n'arrivera d'ailleurs jamais à rédiger. Et il médite encore, à travers bois, sur les problèmes de l'éducation : il a promis à Mme de Chenonceaux tout un système sur ce grave sujet et ce système sera l'*Emile*.

Il mène de front ces travaux si divers et quand d'Alembert publiera, dans l'Encyclopédie, son article *Genève*, il trouvera encore le temps d'écrire sa belle *Lettre sur les Spectacles*.

Il a alors, dirait-on, comme un débordement d'idées, car ses ouvrages les plus médités ne trahissent vraiment aucun effort et, par endroits même, ils semblent écrits de verve et d'inspiration. Il se délasse, du reste, d'un travail par un autre, ayant éprouvé, dit-il, « qu'un changement d'ouvrage est un délassement ». Riche de ses lectures, qui ont été, on l'a vu, bien plus nombreuses qu'on ne croit communément, — et ce qu'il lisait, il devait le comprendre tout seul et sans aide, c'est-à-dire ne jamais l'oublier, — il est, en somme, bien plus en fonds que ses amis de l'heure présente, les philosophes, qu'il raille aussi comme étant superficiels et frivoles ; il écrit enfin dans toute la maturité de son talent, avec la pleine conscience de sa valeur, et il jouit alors de la volupté, le mot n'est pas trop fort, de cette sérieuse et profonde volupté que goûte un grand écrivain, lorsqu'il prolonge et agrandit son être par les productions de son génie, et lorsque, dans le feu de la composition, il s'exalte et se rehausse à la pensée qu'il parle à la fois à ses contemporains et à la postérité.

Là est, je crois, l'explication, *plus encore* que dans sa réforme morale à laquelle il l'attribue, du grand changement qui se fit alors dans l'attitude de Rousseau. Il se sentait, dit-il, « audacieux et intrépide », lui d'ordinaire si timide ; il était, dit-il encore, « devenu un autre » que lui et « cela dura six ans », c'est-à-dire, justement le temps de son séjour à l'Hermitage et à Montmorency. Pendant que dura cette effervescence, dit il, « rien de grand et de beau ne peut entrer dans un cœur d'homme, dont je ne fusse capable entre le ciel et moi ». Voilà, conclut-il, d'où naquit ma subite éloquence, « voilà d'où (et il entend : de sa réforme morale) se répandit dans mes livres ce feu vraiment céleste dont j'étais embrasé ». Ce feu-là, c'était surtout, je crois, le feu même de la composition, lequel fut une cause encore plus qu'un effet. A mesure que ses idées s'élevaient et que ses méditations devenaient plus graves, loin du bruit des villes, dans ce tête à tête avec lui-même, lorsqu'il sentait qu'il n'y avait plus rien « entre le ciel et lui » et lorsqu'encore, en contemplant la création qui déployait toutes ses magnificences à ses yeux, il s'élevait jusqu'au Créateur, auquel sans doute il n'avait jamais cessé de croire, mais dont il s'était maintenant rapproché dans la solitude, c'est alors, dis-je, qu'il se sentait devenir meilleur et qu'il se croyait capable de mener à bien cette réforme morale qu'il avait commencée dès son second Discours.

Aussi est-il à l'Hermitage infiniment heureux ; et quand, dès l'aurore, sans crainte des fâcheux, il s'enfonce seul dans cette forêt de Montmorency qui est à sa porte, et qu'il s'y enivre en même temps de ses propres pensées et des mille senteurs des bois, il éprouve l'irrésistible besoin de projeter hors de lui son bonheur, sa joie de vivre et de penser, et peuplant alors ces bois charmants d'êtres selon son cœur, aussi aimants, aussi « vertueux » et aussi heureux que lui, il écrit la *Nouvelle-Héloïse.*

Il ne tenait qu'à lui, semble-t-il, que cet enchantement des premières semaines se prolongeât durant tout son séjour : malheureusement il avait installé chez lui deux personnes qui n'avaient absolument rien de commun avec les créatures enfantées par son imagination ; après s'être promené en idée dans les bois avec ces êtres charmants qui s'appelaient Claire et Julie, il retombait, quand il rentrait au logis, dans la société beaucoup moins poétique de deux femmes, dont l'une, Mme Levasseur, paraît avoir été une rouée quémandeuse, et dont l'autre, Thérèse Levasseur, était, on va le voir, menteuse et bornée. Les mensonges de Thérèse, auxquels il se laissait prendre, et son propre caractère qui, lui aussi, malgré sa réforme trop partielle et trop superficielle, l'avait suivi à la campagne, — il n'avait laissé à la ville ni sa susceptibilité ombrageuse, ni même d'autres défauts plus graves qui vont se manifester alors —, tout cela devait bien vite assombrir et gâter l'idylle de l'Hermitage. Il y faut ajouter les fautes de ses amis, et, en tout premier lieu, l'étourderie et l'imprudence d'une jeune femme qui allait lui faire goûter les plus enivrantes joies de sa vie et lui faire commettre quelques unes de ses plus fortes sottises.

III

Rousseau avait vu pour la première fois Mme d'Houdetot la veille de son mariage; il la trouva « aimable » et n'y pensa plus. Il l'avait revue depuis, à la Chevrette, chez sa belle-sœur, Mme d'Epinay, avait causé et s'était promené avec elle et tous deux avaient pris plaisir à la promenade, car, dit Rousseau, « l'entretien ne tarissait pas entre nous. »

On sait qui était Mme d'Houdetot: Sophie de Bellegarde était née en 1730; son père, qui paraît avoir été honnête homme, était fermier général, et elle était sœur de M. d'Epinay et de M. de Jully. Elle avait perdu très jeune sa mère et avait été élevée par une tante, dévote à la fois et femme d'esprit. Des vers faciles et agréables, que nous avons d'elle, prouvent surtout qu'elle était très capable d'apprécier le talent de Rousseau. A 18 ans, Mimi, comme on l'appelait dans son entourage, avait épousé le comte d'Houdetot, un officier qui, une fois marié, et marié après avoir seulement entrevu sa fiancée la veille même du mariage, ne s'occupa plus d'elle et, suivant l'usage du temps, laissa à sa femme la liberté dont il usait largement pour son compte : il avait, avant de se marier, une liaison, connue de tous, et qu'il n'eut garde de rompre après le mariage. Laissée à elle-même, Mme d'Houdetot fit ce que faisaient les femmes de son monde: elle prit un amant. Un officier, Saint-Lambert, dont le plus bel exploit avait été de supplanter Voltaire dans le cœur de Mme du Châtelet, ce qui l'ennoblissait auprès des femmes plus que n'aurait fait une victoire remportée sur les champs de bataille, plut à Mme d'Houdetot, et, chose inouïe dans les annales de l'amour mondain au dix-huitième siècle, devait continuer de lui plaire pendant cinquante ans. Cette fidélité, si l'on peut dire, exemplaire, durait depuis cinq ans à l'époque qui va nous occuper et elle commençait déjà à faire à Mme d'Houdetot comme une réputation de femme vertueuse dans un siècle qui entendait à sa manière la vertu des femmes et, en fait de passions, ne connaissait guère que « les passades ». Mme d'Houdetot, et c'est un peu sa réhabilitation, entendait tout autrement l'amour, elle qui pouvait, en l'appuyant de son propre exemple, écrire ces deux jolis vers :

Malheureux qui croit, en aimant,
Ne pas aimer toute sa vie.

Mimi pouvait donc être citée comme un modèle de constance à bien des femmes variées ; dans sa propre famille, Mme d'Epinay, sa belle-sœur, de vie pourtant régulière, n'en était-elle pas alors à son second amant ? et quant à son autre belle-sœur, Mme de Jully, tout le monde avait su son scandaleux caprice pour le beau chanteur Jelyotte.

Au physique, Mme d'Houdetot, si nous réunissons tous les témoignages que nous avons d'elle, était positivement laide, et Rousseau l'avait très bien vue et la dépeint telle exactement qu'elle était : « Mme d'Houdetot approchait de la trentaine (elle avait 27 ans) et n'était point belle ; son visage était marqué de petite vérole, son teint manquait de finesse ; elle avait la vue basse et les yeux un peu ronds ; mais elle avait l'air jeune avec tout cela et sa physionomie, à la fois vive et douce, était caressante ; elle avait une forêt de grands cheveux noirs, naturellement bouclés, qui lui tombaient au jarret, sa taille était mignonne ». La vicomtesse d'Allard, qui devint plus tard sa voisine de campagne, et qui la voyait souvent, a dit d'elle : « Ce sera une consolation, pour les femmes laides, d'apprendre que Mme d'Houdetot, qui l'était beaucoup, dut à son esprit et à son charmant caractère d'être si passionnément aimée de Rousseau ». C'est bien cela : Mme d'Houdetot avait, pour se faire aimer, d'être parfaitement aimable ; c'était une âme charmante.

Elle montrait, dans la conversation, un esprit naturel d'une spontanéité, d'une fraîcheur délicieuse et aussi d'une gaieté expansive et presque enfantine. Mme d'Épinay la peint ainsi : « elle est toujours telle que vous l'avez connue, tout aussi vive, aussi enfant, aussi gaie, aussi distraite. » Un jour, elle entre en coup de vent chez Mme d'Épinay ; son mari va partir pour l'armée et elle saute de joie : « elle était folle, hier, comme un jeune chien. » Ainsi, étourdie comme le premier coup de matines, toute de premier mouvement, elle ne calcule pas la portée de ses paroles ni de ses actes ; et c'est très étourdiment qu'elle ira tout à l'heure se jeter à la tête de Jean-Jacques ; et quand, sans penser à mal, elle aura fait tout ce qu'il faut pour allumer en lui une passion folle, elle sera tout étonnée de le voir flamber. Espiègle sans malice, elle dit tout ce qui lui passe par la tête et quand, par ses naïvetés, elle a prêté à rire à la galerie, elle remet les rieurs de son côté par une réflexion amusante ou un joli retour sur elle-même : « Hier, écrit Diderot à Mlle Volland, j'étais à souper à côté de Mme d'Houdetot, qui disait : je me mariai pour aller dans le monde et voir le bal, la promenade, l'opéra et la comédie et je n'allai point dans le monde et je ne vis rien, et j'en fus pour mes frais. — Ces frais firent rire, comme vous pensez bien », et elle ajouta, en regardant Diderot, qui avait le verre en main : « C'est mon voisin qui boit le vin et c'est moi qui m'enivre. »

A tous ces agréments de l'esprit elle joignait, comme en témoignent tous ceux qui ont parlé d'elle, une tendresse de cœur très touchante et une infinie bonté ; elle avait, dans le siècle le plus spirituel, c'est-à-dire le plus médisant qui ait été, de l'esprit sans méchanceté et elle conserva jusqu'à ses derniers jours, au témoignage de Mme de Rémusat, qui la vit en 1809, « une inépuisable bienveillance. » Lady Morgan, qui avait beaucoup entendu parler d'elle par des gens qui l'avaient connue dans l'intimité, cite, d'après eux, « la *tournure tendre et passionnée* de ses manières » et ajoute que c'était là « le secret de son influence sur les cœurs de tous ceux qu'elle voulait intéresser. » C'est bien par là, en effet, par la douceur de son âme et de ses manières, par la naïveté aussi de ses propos, qui mettait à l'aise et en confiance les plus timides, et enfin par cette séduction singulière, dont certaines femmes ont le secret, et qui n'a pas échappé à Jean-Jacques, « *la gaucherie* et la grâce à la fois qu'elle mettait dans tous ses mouvements », c'est par tout cela qu'elle devait apprivoiser et charmer le sauvage « ermite » de la Chevrette. Il n'avait pas à craindre près d'elle, ce que redoutait tant son chatouilleux amour-propre, d'être persiflé; et il trouvait en elle ces qualités féminines de douceur et de grâce qu'il prisait par dessus tout et qu'il était justement en train de peindre avec amour dans les deux héroïnes de son roman, Julie d'Étange et Claire d'Orbe.

Tout, du reste, semblait conspirer, à ce moment de sa vie, pour le jeter, vaincu d'avance, aux pieds de Mme d'Houdetot. Il avait 45 ans, il se voyait « sur le déclin de l'âge », et il se demandait avec tristesse comment il se faisait « qu'avec une âme expansive, pour qui vivre c'était aimer, avec un cœur tout pétri d'amour, il n'avait pas une seule fois brûlé de sa flamme pour un objet déterminé ? » Car les étranges sentiments (et le mot : sensations serait plus juste) qu'il avait éprouvés jadis auprès de Mme de Warens, et la paisible amitié qui, sans qu'il s'y fût jamais mêlé, dit-il, « une étincelle d'amour », l'unissait depuis douze ans à Thérèse, à cette fille qui restait si loin de lui par l'absence « de toute idée commune », tout cela n'était pas pour remplir son cœur et apaiser sa soif d'aimer ; et il se sentait « isolé », lui qui était fait pour se donner et vivre en autrui : « dévoré du besoin d'aimer, sans jamais l'avoir pu satisfaire, je me voyais atteindre aux portes de la vieillesse et mourir sans avoir vécu. » C'était dans la plus belle saison de l'année qu'il s'attendrissait ainsi lui-même, au mois de juin, « sous des bocages frais, au chant du rossignol, au gazouillement des oiseaux. » C'est à ce moment que, se réfugiant dans ses rêves et reportant sur les chimères de son imagination son besoin d'amour inassouvi, il avait créé, pour en faire « les idoles de son cœur », les êtres séduisants qui avaient nom Claire et Julie ;

et il s'était plu « à les orner de tous les charmes du sexe qu'il avait toujours adorés » : il les avait doués de deux figures, non pas parfaites, mais de son goût, qu'animaient précisément les qualités qu'on prisait le plus chez Mme d'Houdetot : « la bienveillance et la sensibilité. » Julie, l'héroïne du livre, il la fit, non point « sage », comme son amie, mais « faible »; seulement il lui donna ce que le monde justement encore accordait à Mme d'Houdetot : « une faiblesse si touchante que la vertu semblait y gagner. » Et enfin, comme pour mieux opposer son idéal à la vulgarité qui le blessait dans son entourage, il avait gratifié Julie de tout ce qui manquait à Thérèse : de belles manières, l'esprit très orné, le goût des arts et l'amour des poètes; il l'avait fait naître dans une famille de patriciens et lui avait donné pour amant Saint-Preux, c'est-à-dire le plébéien qu'il était lui-même. C'est au milieu de toutes ces rêveries qu'il reçut (fin janvier ou commencement de février 1757) une première visite de Mme d'Houdetot et, à la façon dont elle se présenta à lui, il put croire que c'était un épisode de son roman qui se déroulait à ses yeux dans cette soudaine et charmante apparition : « elle s'égara dans la route. Son cocher, quittant le chemin qui tournait, voulut traverser en droiture, du moulin de Clairvaux à l'Hermitage : son carrosse s'enfonça dans le fond du vallon; elle voulut descendre et faire le reste du trajet à pied. Sa mignonne chaussure fut bientôt percée; elle enfonçait dans la crotte; ses gens eurent toutes les peines du monde à la dégager et enfin elle arriva à l'Hermitage en bottes, et perçant l'air d'éclats de rire auxquels je mêlai les miens en la voyant arriver. »

Nullement distrait de ses chimères par cette entrevue, qu'il qualifia lui-même de romanesque, il se replongea dans ce qu'il appelle « son délire »; il ne vivait plus que par l'imagination, parmi les êtres de sa fantaisie, dans ce beau pays qu'il avait donné pour théâtre à leurs aventures, sur les bords de ce lac enchanteur qui semble bien avoir été créé pour servir de cadre magique aux plus beaux rêves de la vie. Le printemps suivant (c'était en 1757), avait réchauffé son inspiration, ou, comme il le dit lui-même, « redoublé son tendre délire ». Il avait achevé la peinture de ce jardin romantique où il avait abrité le bonheur de sa Julie ; il venait d'écrire cette scène de la Meillerie qui est bien la page la plus émouvante qu'on ait écrite au dix-huitième siècle ; il en peut dire, avec un légitime orgueil, que « tout lecteur, sous peine de ne rien comprendre aux choses de sentiment, doit, quand il lit ces lignes, sentir son cœur s'amollir et fondre dans l'attendrissement qui les lui dicta. » C'est à ce moment précis que Mme d'Houdetot vint le surprendre pour la seconde fois et Saint-Preux, c'est-à-dire Jean-Jacques, tout ému encore et tout frémissant des pages brûlantes qu'il venait d'écrire dans un transport d'amour, ouvrit ses bras à Julie d'Etange.

Mme d'Houdetot, en l'absence de son mari et de son amant, tous deux à l'armée, avait loué une maison à Eaubonne, au milieu même de la vallée de Montmorency. C'est de là qu'elle venait faire à l'Hermitage une seconde excursion : elle était à cheval et en homme et, quoique Rousseau (dit-il), n'aimât guère ces mascarades, il fut pris à l'air romanesque de celle-là, et, cette fois, ce fut bel et bien de l'amour. « Elle vint, je la vis, j'étais ivre d'amour sans objet ; cette ivresse fascina mes yeux, cet objet se fixa sur elle, je vis ma Julie en Mme d'Houdetot. » Dès ce moment, le pauvre Rousseau ne distingue plus son roman de la réalité : il vit son roman et il embellit la réalité de tous les prestiges de son imagination. Julie, qu'il n'avait jusque-là adorée qu'en rêve, s'objective et prend vie, nouvelle Galatée, dans la personne de Mme d'Houdetot ; quand, rentré chez lui, Rousseau reprend la plume et veut peindre sa Julie d'Etange, c'est Mme d'Houdetot qui s'offre à sa pensée — et à ses désirs, et il est à la fois, ou tour à tour, car il mêle ces deux visions et les renforce l'une par l'autre, un poète amoureux de son rêve et un amant épris d'une personne qui est très vivante et même très sémillante. Et peu à peu, cet amour, à la fois réel et poétique, s'emparant de tout son être, fait de lui l'amant le plus passionné, le plus éloquent, le plus irrésistible enfin, même pour une femme qui a donné son cœur à un autre.

Ce qu'il dit sans doute à Mme d'Houdetot, c'est que l'amour qu'il a pour elle est son premier amour et si cela, qu'il dit formellement dans ses *Confessions*, n'est pas tout à fait exact, il est certain, du moins, que c'est pour la première fois qu'il aime avec un tel abandon de soi-même, avec un tel emportement de l'âme et des sens : « c'était cette fois, dit-il, de l'amour dans toute son énergie, *dans toutes ses fureurs*. » C'est le cri même de Phèdre, et, en effet, quand il est sur le point d'aborder, dans les rendez-vous qu'elle lui donne, celle à laquelle il a pensé avec angoisse tout le long de la route, ce qu'il nous dit de l'état lamentable où l'a réduit l'approche de Mme d'Houdetot peut très fidèlement s'exprimer par ces paroles de Phèdre, tout aussi brûlantes, mais plus décentes que les aveux, par trop physiologiques, qu'il nous fait à ce moment-là dans ses *Confessions* :

> Je *la* vis, je rougis, je pâlis à sa vue,
> Un trouble s'éleva dans mon âme éperdue,
> Mes yeux ne voyaient plus, je ne pouvais parler,
> Je sentis tout mon corps et transir et brûler.

Ce qu'il dit, j'imagine encore, à Mme d'Houdetot, c'est qu'elle est tout pour lui, et Mme d'Houdetot ne peut en douter, elle qui connait Thérèse ; et enfin, ce qu'elle est forcée encore d'avouer, c'est qu'elle-même n'a jamais inspiré à un homme un tel amour. Ne parlons pas, en effet, de son mari, qui a si peu existé pour elle ; mais celui-là même auquel elle pense à cette heure, celui dont elle évoque l'image et dont elle prononce sans cesse le nom, pour le mettre en tiers entre elle et Rousseau et pour se protéger contre celui-ci, ce Saint-Lambert, qu'est-il donc comparé à l'homme qui lui parle sous cet acacia en fleurs qui va devenir légendaire ? Un homme aimable, qui a du bon sens et du goût, qui sait causer avec esprit dans un salon, nous en avons le témoignage de ses contemporains, mais qui l'aime sans doute, et lui parle d'amour, comme font alors les gens du monde, en un langage tendre et galant ; ne sait-il pas qu'il écrit à une grande dame, qui veut être aimée sans doute, mais amusée aussi par ses lettres et n'a-t-il pas d'ailleurs, à l'armée, d'autres occupations, d'autres distractions peut-être que son amour ? Jean-Jacques, lui, est tout à elle, et non seulement il ne vit, mais il n'écrit que pour elle, et, avec son cœur, qu'elle seule occupe, il lui apporte l'hommage de son génie ; il lui lit les pages de la *Nouvelle-Héloïse* qu'elle a inspirées et le livre ici, comme dans l'épisode fameux de Françoise de Rimini, « s'entremet » entre les deux interlocuteurs, livre d'autant plus séducteur qu'il n'est pas, comme dans le récit de Dante, l'œuvre d'un étranger, mais que c'est l'amant qui y parle lui-même et qui a enfermé, dans ces pages brûlantes, toute sa puissance d'aimer. Enfin, il l'attaque directement par les lettres passionnées qu'il lui adresse, et où il lui parle cette fois, non plus comme Saint-Preux à Julie, mais, elle le lui a permis, en la nommant par son nom de Sophie et même en la tutoyant. Et quand elle lit ces lettres, écrites comme un seul homme au XVIIIe siècle les pouvait écrire. « Ma passion funeste, vous la connaissez ; il n'en fut jamais d'égale, je n'ai rien senti de pareil à la fleur de mes ans ; » (1) et que, après une telle lecture, elle ouvre les lettres qu'elle reçoit de Saint-Lambert, écrivain correct et froid, comme en témoignent ses œuvres, elle ne peut pas ne pas faire la différence des deux langages et aussi des deux amours qu'elle inspire et ce cri lui échappe un jour, cri que Rousseau, j'en jurerais, n'a pas inventé : « non, jamais homme ne fut si aimable et jamais homme n'aima comme vous. » Mais, hâtons-nous de l'ajouter, dans cet élan du cœur Mme d'Houdetot n'avait mis que de l'admiration et de la pitié ; car cet aveu, qui pouvait sembler plein de promesses, elle empêchait aussitôt Jean-Jacques d'en tirer parti en prononçant ces mots qui n'étaient pas seulement un reproche pour celui qui lui avait si bien parlé d'amour,

(1) *Annales J.-J. Rousseau*, II, 33.

mais qui était peut-être aussi un remords pour celle qui l'avait laissé dire : « votre ami Saint-Lambert nous écoute et je ne saurais aimer deux fois. »

Quelle fut exactement, dans cette romanesque histoire, l'attitude de Mme d'Houdetot? Très franche et très loyale, elle avait, dès le début, déclaré nettement à Rousseau, qu'elle n'acceptait que son amitié : seulement, elle laissa s'étendre singulièrement les droits et même les privautés de cette amitié. Au lieu de congédier Rousssau, quand il devint trop pressant, ou, tout au moins, d'espacer, si l'on peut dire, leurs entrevues, elle le voyait tous les jours et ces « longs tête-à-tête », ainsi les appelle Jean-Jacques, durèrent quatre mois. Elle ne déploya aucune coquetterie, car elle n'était point coquette; nous le savons par le témoignage non suspect d'une personne très clairvoyante et très médisante, Mlle d'Ette, une amie de Mme d'Epinay ; elle écrit au chevalier de Valory, en parlant de Mme d'Houdetot : « un peu étourdie, mais pas coquette. » Mais nous avons, sur ce point, un meilleur garant encore, et c'est Rousseau lui-même. On sait que dans ses *Confessions,* s'il confesse ses propres fautes, il confesse encore mieux celles de ses amis, ce qui lui sert merveilleusement à pallier les siennes, tout en gardant le bénéfice d'une noble franchise; et, en effet, ici même, Rousseau n'a garde d'oublier les menues libertés que lui permettait, ou lui pardonnait, Mme d'Houdetot, dans ce qu'il appelle (admirons sa délicate courtoisie) : « une intimité presque sans exemple entre deux amis de différent sexe. » Mais il reconnaît et proclame bien haut que Mme d'Houdetot ne lui donna jamais la moindre lueur d'espoir et s'efforça de son mieux de combattre sa passion; il semble seulement que cette passion, elle fit à son insu tout ce qui était capable de l'allumer et de l'entretenir. Dès leur seconde entrevue, avec son ingénuité étourdie, elle lui parle de son attachement pour Saint-Lambert : on parla donc de Saint-Lambert ; mais on parla aussi de l'amour; elle prenait ainsi Rousseau pour son confident et c'était une première faute. Etre le confident d'une jeune femme, cela peut, comme on sait, mener très loin; cela peut mener cette femme jusqu'à lui rendre nécessaire un confident nouveau. « Pour m'achever, elle me parla de Saint-Lambert en amante passionnée. Elle parlait et je me sentais ému ; je croyais ne faire que m'intéresser à ses sentiments quand j'en prenais de semblables... Enfin, sans que je m'en aperçusse et sans qu'elle s'en aperçût, elle m'inspira pour elle-même tout ce qu'elle exprimait pour son amant. » Elle s'en aperçoit enfin et elle est même certaine du sentiment que Rousseau éprouve pour elle, puisqu'il lui fait l'aveu de sa passion : que fait-elle alors ? elle le voit sans cesse, à des heures et dans des endroits convenus ; elle a entrepris, naïve chimère d'une âme candide ! de le guérir et d'en faire son meilleur ami ; et quand elle le revoit, et sans nous permettre de soulever ici d'autres voiles, elle l'accueille par un baiser, « ce mémorable baiser, comme l'appellera Byron, que déposait chaque matin, sur la lèvre tremblante de Rousseau, celle qui ne répondait à son amour que par l'amitié. » Elle l'appelait « mon doux ami » et Rousseau pouvait lui écrire plus tard ces phrases singulières qu'il faut citer : « Ose me dire que ton amant t'est plus cher aujourd'hui que quand tu daignais m'écouter et me plaindre et que tu m'attendrissais à mon tour aux expressions de ta passion pour lui. Tu l'adorais et te laissais adorer ; tu soupirais pour un autre, mais ma bouche et mon cœur recueillaient tes soupirs. Je ne te rappellerai pas ce qui s'est passé dans ton parc ni dans ta chambre. Ressouviens-toi de ces mots écrits au crayon sous un chêne. ... Rappelle-toi ces temps de félicité qui ne sortiront jamais de ma mémoire. »

Ainsi Mme d'Houdetot écoutait, inconsciente complice, inquiète et ravie à la fois, la divine romance que lui murmurait cet amoureux de génie; puis, prise de remords, elle reportait sur Saint-Lambert les sentiments nouveaux et les troublantes images dont venait d'agiter son âme et ses sens l'enchanteur qui allait révéler à son siècle toutes les ivresses de la passion.

Et, après lui avoir tendu ses lèvres,... elle lui tendait la main et lui offrait son amitié ! Il est vrai que Rousseau tient à nous apprendre, dans ses *Confessions*, « qu'elle ne lui refusa rien de ce que la plus tendre amitié pouvait accorder », et la discrétion du narrateur nous étant connue de reste, il faut presque lui savoir gré de nous avoir épargné, et d'avoir épargné à la mémoire de Mme d'Houdetot, le détail de ces faveurs purement amicales. Ce qui est vraisemblable, et ce qui aussi excuse un peu Rousseau, c'est que, affectueuse et tendre comme était Mme d'Houdetot, son amitié devait avoir un accent et un charme qui la faisait ressembler à un sentiment plus profond. Elle écrivait un jour à Mme Necker : « Je vous l'ai dit dans les commencements de notre liaison : un peu de passion se mêle à mes attachements. » Sa bonté naturelle même se tournait contre elle : elle eut sincèrement pitié de Rousseau pour lequel elle ressentait, et elle le lui montrera plus tard, une sérieuse affection, et elle ne supportait pas l'idée de le faire souffrir, elle qui écrivait à la même Mme Necker, en parlant des gens qu'elle aimait : « Puissé-je seulement ne jamais les affliger, car c'est une des plus grandes peines que je puisse éprouver. » Or Rousseau, elle le lui répètera à plusieurs reprises dans des lettres qui ont un parfait accent de sincérité, est à ce moment la personne qu'elle aime le plus après Saint-Lambert ; et même elle revient maintes fois sur le rêve qu'elle a fait de passer sa vie entre ces deux affections qui suffisent à son âme : l'amour de l'un et l'amitié de l'autre. Par une étrange ironie de sa destinée, Rousseau pouvait, s'il voulait entrer dans les idées de Mme d'Houdetot, vivre le dénoûment même qu'il était en train de donner à sa *Nouvelle-Héloïse* : Mme d'Houdetot lui offrait, en effet, de jouer entre elle et Saint-Lambert, le rôle même, ou presque, qu'il faisait jouer à Saint-Preux entre Julie et M. de Wolmar : « Elle (Mme d'Houdetot) ne parlait de rien avec plus de plaisir que de l'intime et douce société que nous pourrions former entre nous trois, quand je serais devenu raisonnable. » Moins raisonnable que Saint-Preux, Rousseau ne paraît pas avoir beaucoup goûté cette idéale vie à trois que lui proposait sa trop confiante amie; mais il pouvait voir, par sa propre expérience, combien était invraisemblable la dernière partie de sa *Nouvelle-Héloïse* et que, dans la vie, un amant passionné et éconduit a difficilement en lui l'étoffe d'un respectueux et discret ami.

Et d'ailleurs Rousseau avait-il le droit de se dire encore l'ami de Saint-Lambert? Ce qui aggravait ses torts envers celui-ci, c'est qu'il y avait eu entre eux, avant le séjour à l'Hermitage, des rapports de sympathie et même une naissante amitié. Rousseau trouvait, dit-il, en Saint-Lambert, « de l'esprit, des vertus et du talent »; et Saint-Lambert, de son côté, écrivait à Rousseau, au moment même où celui-ci venait de s'installer à l'Hermitage: « Mme d'Epinay m'écrit qu'elle a souvent le bonheur de vous voir. Je lui demande des nouvelles de votre santé et je prie tout ce qui vit avec vous (entendez par là: Mme Houdetot), de vous dire et de vous répéter que je vous trouve l'homme que j'imaginais et que je ne désire rien autant que de mériter et de cultiver votre amitié » (1). Et, un peu plus tard, lorsque, entre deux campagnes, entre la campagne de Minorque et celle de Hanovre, il vient voir Mme d'Houdetot, apprenant qu'elle s'est entremise entre Diderot et Rousseau pour les réconcilier, et ayant lu, sans doute chez elle, les deux premières parties de la *Nouvelle-Héloïse,* que Rousseau venait un peu confidentiellement de lui envoyer, il encourage ce commencement de liaison entre son ami et sa maîtresse qu'il a le premier rapprochés et Rousseau dit formellement: « c'était un peu par goût, à ce que j'ai pu croire, mais beaucoup pour complaire à Saint-Lambert, qu'elle venait me voir; il l'y avait exhortée et il avait raison de croire que l'amitié, qui commençait à s'établir entre nous, rendrait cette visite agréable à tous les trois. »

Ainsi, d'une part, Saint-Lambert était un ami plein de confiance et il était absent; Mme d'Houdetot devait donc

(1) Lettre inédite, citée par M. Brunel, dans son joli article: *La Nouvelle-Héloïse et Mme d'Houdetot.* (Annales de l'Est, 1888).

être pour Rousseau doublement sacrée. Mais le grand sophiste, qui était en lui, eut vite fait de rassurer l'ami traître à l'amitié. Il se dit, et feignit de croire, que vu son âge (il avait alors 45 ans ; mais remarquons que Saint-Lambert n'était plus jeune que lui que de quatre ans), et étant donné ses manières rustiques, il ne risquait guère d'être un rival dangereux pour le cavalier parfait qu'était Saint-Lambert; et que, d'aller se figurer que ses soupirs pourraient faire tort à celui-ci, c'était se montrer par trop fat et présomptueux; il pouvait donc, puisque cela était bien évidemment sans danger pour Mme d'Houdetot, l'aimer à sa guise et s'abandonner sans remords à sa folie; celle-ci ne pouvait être « nuisible qu'à lui-même ».

Peut-être aussi, car il faut toujours, dans ce qu'il dit, chercher ce qu'il ne dit pas et, jusque dans ses plus cyniques aveux, essayer de deviner sa pensée de derrière la tête, peut-être s'était-il avisé qu'il avait, au contraire, tout à gagner à faire le modeste et à paraître tout différent de Saint-Lambert, puisqu'il ne pouvait, en effet, pour les belles manières et l'air cavalier, lutter sans désavantage avec lui ; mais s'il se présentait, lui « l'ermite et l'ours » de l'Hermitage, comme il aimait à s'entendre appeler, sans autre séduction que cette gaucherie et cette simplicité même et ce fier stoïcisme, qui faisaient de lui un être rare et même unique dans son siècle, est-ce qu'il ne reprenait pas tous ses avantages ? est-ce qu'une femme ne serait pas flattée d'avoir apprivoisé cet ours et séduit ce solitaire qui ne tournait pas peut-être aussi bien que Saint-Lambert des petits vers insignifiants, mais qui, du sein même de sa sublime rusticité, trouvait des accents que seuls les nobles cœurs savent entendre, et Mme d'Houdetot n'était-elle pas de ces cœurs là, elle qui venait de lui écrire, après avoir lu les deux premières parties de l'*Héloïse*, que lui avait envoyées Rousseau : « Je suis de ceux qui peuvent entendre ce qu'elles valent ». Il n'avait donc qu'à persévérer dans cette voie et montrer que l'*homme* était aussi peu galant ou, suivant un de ses mots, aussi peu « mirliflor » que l'auteur : une femme intelligente, et Mme d'Houdetot l'était beaucoup, pouvait préférer ce genre de mérite, c'est-à-dire, après tout, le vrai mérite aux belles manières d'un homme du monde.

Que ma supposition soit d'ailleurs vraie ou fausse, Rousseau devait toujours, ne fût ce que pour faire taire ses remords par l'excuse qu'il s'était forgée, affecter de paraître à Mme d'Houdetot sous de tout autres traits que ceux d'un jeune galant. Mais alors le danger pour lui, et cette fois pour lui seul, n'était-il pas qu'il fût pris au mot et que, entrant un peu trop dans ses vues, Mme d'Houdetot ne vît en lui, plus qu'il ne le souhaitait lui-même, simplement le contraire et peut-être même, car les femmes vont facilement aux extrêmes, la caricature du véritable amant ? Et c'est ce qui arriva, en effet, ou plutôt, — et cela revenait au même pour lui, — c'est ce que Rousseau alla se mettre en tête qui lui était arrivé. Mme d'Houdetot, malgré les coupables aveux de Rousseau, s'obstinait à rester son amie, et c'était déjà plus qu'elle ne lui devait et plus aussi qu'elle ne se devait à elle-même ; mais elle alla plus loin encore ; elle fut, on l'a vu, caressante et tendre : c'est donc qu'elle se moquait de lui ! Car, puisqu'elle ne l'aimait pas d'amour, et la chose n'était que trop sûre, comment pouvait-elle le cajoler ainsi ? Mais écoutons parler Rousseau : « Cette amitié m'eût suffi, je le proteste, si je l'avais crue sincère ; mais, la trouvant trop vive pour être vraie, n'allai-je pas me fourrer dans la tête que l'amour, désormais si peu convenable à mon âge, à mon maintien, m'avait avili aux yeux de Mme d'Houdetot ; que cette jeune folle ne voulait que se divertir de moi et de mes douceurs surannées ; qu'elle en avait fait confidence à Saint-Lambert et que, l'indignation de mon infidélité ayant fait entrer son amant dans ses vues, ils s'entendaient tous les deux pour achever de me tourner la tête et de me persifler. »

Aussitôt Rousseau, incapable comme toujours de se contraindre, fait part brutalement de ses soupçons à Mme d'Houdetot. Là dessus que fait celle-ci ? Elle lui rit d'abord au nez, car elle avait l'humeur enjouée ; mais Rousseau s'entêtant dans ses soupçons injurieux, au lieu de le chasser, comme il le méritait, elle tente de le rassurer : n'est-ce pas peut-être où il en voulait venir, c'est-à-dire à se faire consoler et à suggérer la manière dont il voulait l'être ? Qu'on l'écoute lui-même : « J'exigeai des preuves qu'elle ne se moquait pas de moi. » Et l'on devine de quelle nature pouvaient être ces preuves. Mais c'est elle, au contraire, qui aurait dû lui demander des preuves qu'il ne se moquait pas d'elle et de son imprudente bonté. Il était temps décidément que Saint-Lambert apparût et vînt arracher la pauvre femme à tous ces dangers s'il voulait la retrouver encore digne de son amour.

IV

Une indiscrétion avait averti Saint-Lambert et avec lui vont entrer en scène d'autres personnages et cette histoire va s'embrouiller et s'envenimer de soupçons et de querelles extrêmement confuses qu'il faut pourtant s'efforcer d'éclaircir : car c'est bien ici, comme l'a dit Rousseau, « que commence le long tissu des malheurs de sa vie. » Un jour que Rousseau va voir Mme d'Hondetot à Eaubonne, il s'aperçoit qu'elle a pleuré et elle lui apprend que Saint-Lambert est instruit : « mes lettres, lui dit-elle, étaient pleines de vous, ainsi que mon cœur ; je ne lui ai caché (et n'est-ce pas ce qu'elle pouvait se reprocher ?) que votre amour insensé, dont j'espérais vous guérir et dont, sans m'en parler, je vois bien qu'il me fait un crime. » Et, consciente cette fois de ses torts, elle lui tient le seul langage qui convienne et qu'elle eût dû lui tenir dès le début : « ou rompons tout à fait, ou soyez tel que vous devez être. Je ne veux plus rien avoir à cacher à mon amant. »

Qui donc avait prévenu Saint-Lambert ? on ne sait au juste : peut-être tout simplement la rumeur publique ; car Rousseau, uniquement occupé de sa passion, et Mme d'Houdetot, satisfaite de n'avoir, elle le croyait du moins, rien à se reprocher, se cachaient aussi peu l'un que l'autre ; Rousseau avoue même qu'à la Chevrette il était devenu la fable de la maison et des survenants, et que, par exemple, le baron d'Holbach, invité chez Mme d'Epinay, s'était fort amusé de voir « le citoyen » amoureux. Je croirais plutôt qu'une lettre anonyme avait été écrite, ou inspirée, par l'une des deux personnes de l'entourage de Rousseau qui avaient le plus d'intérêt à le dénoncer et qui étaient, je crois, les seules capables de le faire : je veux parler de Thérèse et de sa mère. En tous cas, s'il était, semble-t-il, une personne que Rousseau n'eût pas le droit de soupçonner, c'était, semble-t-il, Mme d'Epinay. Or ses soupçons tout de suite se portèrent sur elle et ils se changèrent bien vite en certitude quand il sut tout ce qu'avait machiné cette infernale Mme d'Epinay : n'avait-elle pas supplié Thérèse de lui donner les lettres de Mme d'Houdetot adressées à Rousseau, l'assurant d'ailleurs qu'elle les recachèterait si bien qu'il n'y paraîtrait pas ? et, comme Thérèse refusait noblement de livrer ces lettres, Mme d'Epinay avait essayé de les prendre de force dans sa bavette !

Si Thérèse n'était pas intelligente, elle était rusée et elle connaissait admirablement toutes les faiblesses de Rousseau : elle s'entendait à merveille, on le voit par cet exemple, à exploiter sa promptitude à soupçonner ses meilleurs amis. Rousseau, qui la savait bornée, la croyait véridique, n'imaginant pas, lui, le profond psychologue, qu'on pût allier la rouerie à la bêtise. Il lui attribuait beaucoup de sens, parce qu'elle abondait dans son sens à lui, et parce qu'elle lui donnait raison quand il accusait tout le monde : elle voyait juste, puisqu'elle voyait comme lui : ce fut, je crois, tout le secret de sa déplorable influence sur Rousseau. Seulement, dans le cas présent, il y a lieu de se demander pourquoi elle inventa de toutes pièces (la chose peut-elle être douteuse pour qui connaît Mme d'Epinay ?) ces contes bleus, si saugrenus d'ailleurs, qu'il fallait être un Rousseau pour les gober.

D'ordinaire, quand Thérèse ment, et elle ne fait guère que cela, c'est pour se faire valoir aux dépens des gens avec qui elle a intérêt à brouiller Rousseau : mais, dans le cas présent, son intérêt n'était-il pas d'être au mieux avec sa propriétaire, — c'est Mme d'Epinay que je veux dire, — car où aurait-elle pu être mieux logée et à si bon compte ? Si donc elle l'a accusée, contrairement à son intérêt tout matériel, c'est qu'elle devait avoir un intérêt d'un autre ordre, et qu'elle jugeait supérieur, à diriger de ce côté les soupçons de Rousseau : par là, en effet, elle les détournait de sa tête et c'est ce qui me confirme dans l'idée que « la main d'où était parti le coup », comme s'exprime Rousseau, c'était la sienne. Elle voyait, mieux et de plus près que personne, la folie qui s'était emparée de Rousseau et l'avait détaché d'elle : il fallait, à tout prix, rompre cette intrigue, il y allait de tout son avenir peut-être, et elle avait pris pour cela le meilleur moyen, qui était d'avertir, ou de faire avertir Saint-Lambert. Seulement, si Rousseau apprenait la chose? ou encore, et cela revenait absolument au même pour les conséquences : si, en supposant qu'elle n'eût pas à se reprocher cette dénonciation, Rousseau allait tout de même l'en croire coupable? et il était impossible qu'il ne la soupçonnât pas, car il devait être sûr (il en savait trop bien les raisons) que Thérèse détestait Mme d'Houdetot : dès lors, coupable ou non d'avoir prévenu Saint-Lambert, elle risquait d'être chassée par Rousseau furieux, car depuis trois mois il n'écoutait plus que sa passion et semblait ne plus exister que pour Mme d'Houdetot. Il fallait donc, une fois Saint-Lambert averti, ne pas laisser à Rousseau le temps de la soupçonner (et de l'accuser, ce qui était tout un pour lui) et il n'y avait pour cela qu'à diriger tout de suite les soupçons de celui-ci (ce qu'elle savait si bien faire), sur la personne dont Rousseau avait ou croyait avoir en ce moment à se plaindre. Justement Rousseau avait déjà dû étaler au logis, devant Thérèse, comme il l'a fait complaisamment dans les *Confessions*, les ridicules sujets de plainte qu'il avait à ce moment même contre Mme d'Epinay ; et voilà, je crois, comment Mme d'Epinay était devenue une espionne.

Il y a bien une seconde hypothèse qui ne laisse pas d'être vraisemblable, d'autant plus qu'elle pourrait s'accorder très bien avec la première : la mère Levasseur s'ennuyait à mort à l'Hermitage jusqu'à mettre en mouvement tous les amis de Rousseau pour l'en faire déguerpir. D'autre part, elle voyait le manège de Rousseau avec cette grande dame qui, dans son idée, et les apparences l'autorisaient à penser ainsi, était sa maîtresse : qu'allait-il advenir dès lors d'elle et de sa fille? Si elle donnait l'éveil à Saint-Lambert par quelqu'avis anonyme dont elle accuserait ou ferait, par Thérèse, accuser Mme d'Epinay? Du même coup, elle délivrait Thérèse d'une dangereuse rivale et, ayant brouillé Rousseau avec Mme d'Epinay, elle retournerait à la ville et aux commérages de son quartier. Je ne sais si la mégère fut assez maligne, elle paraît l'avoir été passablement, pour imaginer ce petit complot qui servait si bien ses intérêts ; mais je reste convaincu que l'une ou l'autre des deux Levasseur, et peut-être toutes deux à la fois et de concert, furent les ressorts cachés de cette louche intrigue et conséquemment les premiers auteurs des malheurs de Rousseau. Le témoignage de Mme d'Epinay peut être invoqué ici parce qu'elle ne doit que répéter ce qu'on disait autour d'elle : « Le marquis de Saint-Lambert, dit-elle, reçut une lettre anonyme (1) qui lui apprenait que Rousseau et Mme d'Houdetot le jouaient et vivaient ensemble dans l'union la plus intime et la plus scandaleuse... J'ai toujours soupçonné Thérèse et cette idée est venue à tous ceux qui ont été témoins de cette aventure. »

Et puis il convient peut-être d'ajouter que ces deux femmes, si elles ont réellement commis les méfaits dont il nous paraît raisonnable de les soupçonner, ne faisaient, après tout, que défendre à leur manière, la vieille, son bien-être, et la fille, son foyer et son pain quotidien ; et Rousseau qui, à l'hôtel Saint-Quentin, avait eu tout le temps de les estimer à leur prix, n'avait qu'à ne pas se les mettre sur les bras et qu'à ne pas s'empêtrer pour la vie de leurs commérages et de leurs tripotages. Il avait vécu jadis à l'office, avec

(1) « Cette lettre anonyme est une bourde », dit M. Ritter (*Annales J.-J. Rousseau*, II, 42). Je ne vois pas la bourde, je l'avoue humblement.

les domestiques, et maintenant il avait pour compagnes deux blanchisseuses : à force de frayer, je crois, avec de telles gens, il avait pris goût à ces petites médisances et à ces propos d'antichambre qu'il a consignés avec une joie manifeste dans maintes pages de ses *Confessions* et qui font ressembler tels de ses récits aux bavardages d'une portière. Ainsi, pour l'histoire qui nous occupe, que Mme d'Epinay ait prévenu Saint-Lambert de ce qui se passait entre Mme d'Houdetot et Rousseau, c'est ce qui pour Rousseau ne fait pas l'ombre d'un doute : Mme d'Epinay n'est-elle pas en commerce de lettres avec Saint-Lambert et si cette preuve, car il paraît que c'en est une, ne suffit pas, est-ce que Grimm n'est pas à l'armée et en Westphalie, où est justement Saint-Lambert, et ne sait-on pas que Grimm avait fait jadis auprès de Mme d'Houdetot des tentatives qui n'avaient pas réussi ? qu'on juge, en apprenant que Rousseau avait été selon toute apparence mieux accueilli, alors que, nouvelle mortification pour l'amant évincé, Rousseau était plus âgé que lui, qu'on juge de ce qu'avait dû ressentir Grimm, si orgueilleux, et surtout de ce qu'il avait dû dire à Saint-Lambert, car il était avéré « qu'ils se voyaient quelquefois. » Or Grimm, de qui pouvait-il tenir la nouvelle ? sans nul doute de Mme d'Epinay, dont il était l'assidu correspondant (1). Mais pourquoi donc enfin Mme d'Epinay avait-elle commis cette « trahison » ? et que lui avaient donc fait ou Rousseau ou Mme d'Houdetot ? L'un était son intime ami et l'autre était sa belle-sœur. Elle voulait, dit Rousseau,

(1) Que Mme d'Epinay ait, dans ses lettres, entretenu Grimm des « mystérieux rendez-vous de Rousseau et de Mme d'Houdetot dans la forêt, » c'est ce que nous témoignent ses Mémoires et ce que prouve une lettre authentique de Saint-Lambert (*Mém. de Mme d'Epinay*, II, 259). Et il résulte même de cette lettre que Grimm a vu, avant de la terminer et de la fermer, Saint-Lambert ; mais cela suffit-il pour conclure avec certitude, comme fait M. Ritter (*Annales J.-J. Rousseau*, II, 36), que c'est Grimm qui a instruit Saint-Lambert ? Grimm était honnête homme et dans ce qu'il dit de sa conversation avec Saint-Lambert, il est surtout question de Mme d'Epinay, que Saint-Lambert « venait de quitter. » Il a été aussi question de Rousseau et ce qu'en dit Saint-Lambert semble plutôt prouver que Grimm n'a pas trahi Rousseau : « il (Rousseau) pense que vous (Mme d'Epinay) lui avez tourné la tête depuis longtemps et que je suis devenu sa bête. Cela est-il

« détacher l'un de l'autre Saint-Lambert et Mme d'Houdetot. » Mais alors elle n'avait qu'à laisser faire Rousseau : il s'y prenait assez bien, ce me semble, et, dès qu'il ne s'agissait que de « détacher » Sophie de Saint-Lambert, elle n'avait pas de meilleur auxiliaire ni de plus éloquent que Rousseau. C'est qu'il y avait autre chose : Rousseau aurait bien voulu, je crois, insinuer ici que Mme d'Epinay était amoureuse de lui et, par conséquent, jalouse de sa belle-sœur ; mais c'est ce qu'il lui était difficile de soutenir, parce que tout le monde savait qu'auprès de Mme d'Epinay la place était prise par Grimm. Je crois même que, s'il avait dit toute la vérité sur ses relations avec Mme d'Epinay, il aurait eu à nous apprendre que c'est au contraire lui qui avait été amoureux d'elle ; je le crois (et même j'en jurerais), parce qu'il est sans exemple dans la vie de Rousseau qu'il ait connu un peu intimement une femme sans lui offrir son cœur. Je sais bien que dans ses *Confessions*, il se défend d'avoir jamais eu de l'amour pour Mme d'Epinay : mais précisément il s'en défend trop et il éprouve trop le besoin de nous énumérer toutes les raisons, même d'ordre physiologique, qu'il avait — et il aurait dû en tous cas les garder pour lui — de ne pas aimer Mme d'Epinay. Sur ce point, j'en crois volontiers Grimm, quoique son ennemi, car ce que dit Grimm est en parfait accord avec tout ce que nous savons du caractère de Rousseau : « Rousseau, dit-il, fut très amoureux de Mme d'Epinay, comme il n'a jamais manqué de l'être de toutes les femmes qui ont bien voulu l'admettre dans leur société. » Et je pense néanmoins que

vrai ? » Si Grimm avait, comme on le veut, « informé Saint-Lambert de ce qui s'était passé ». Saint-Lambert aurait-il parlé en ces termes de la passion de Rousseau pour... Mme d'Epinay ? M. Ritter refuse de croire que, dans sa correspondance avec Saint-Lambert (nous savons, par les *Mémoires*, qu'elle était en commerce de lettres avec lui), Mme d'Epinay ait trahi Rousseau, parce que, dit il, elle était « une personne bien née ». Ce que Mme d'Epinay n'aurait pas osé faire, je ne crois pas *sans preuve* que Grimm l'ait fait. On dit (Mme Macdonald : *J.-J. R., a new criticism*) : Grimm a remanié chez lui à sa guise les Mémoires de Mme d'Epinay ; justement, c'est *s'il avait parlé* qu'il aurait eu l'idée de faire disparaître sa lettre, citée plus haut, à Mme d'Epinay ; mais il n'y songe pas.

Mme d'Epinay fut bel et bien jalouse de Mme d'Houdetot, mais ce n'est pas le moins du monde dans le sens où Rousseau l'entend ou, du moins, le veut faire entendre. Il me paraît très naturel que Mme d'Epinay, qui avait compté sur l'amitié de Rousseau, et qui avait plus que personne le droit d'y compter, ne vît pas sans un certain déplaisir, et même sans une jalousie très légitime, sa belle-sœur accaparer complètement un homme qu'elle avait logé près d'elle pour jouir de sa société. Or, si nous en croyons Rousseau lui-même, et les billets de Mme d'Houdetot confirment son récit, les deux « amis » se donnaient sans cesse rendez-vous à la Chevrette et quelle y était leur conduite ? « Nous nous promenions tous les jours tête à tête, dans le parc, vis-à-vis de l'appartement et sous les fenêtres de Mme d'Epinay. » Franchement ce n'était pas pour jouir tous les jours de ce spectacle que Mme d'Epinay avait installé Rousseau à l'Hermitage.

Quoi qu'il en soit, sur les belles preuves que je viens de dire, voilà Rousseau pleinement convaincu que Mme d'Epinay l'a trahi. Fou d'indignation et de fureur, nous dit-il, — et il était surtout furieux de voir Mme d'Houdetot lui échapper, — il éclata ouvertement et se livra sans mesure à ce qu'il appelle « l'impétuosité », et à ce qui aurait été mieux appelé : la grossièreté de son caractère naturel. Il avait laissé passer huit jours sans voir Mme d'Epinay ; probablement il était en train de se documenter contre elle, lorsque celle-ci, inquiète de ne plus le voir, lui écrivit un aimable billet, que Rousseau nous a conservé avec la réponse qu'il y fit et trois autres billets qu'ils échangèrent dans la journée, ce qui a fait baptiser cette journée par M. Eugène Ritter : la journée des cinq billets.

Le premier billet de Mme d'Epinay respire la plus tendre sollicitude pour son voisin, dont elle sait la mauvaise santé et l'humeur chagrine : « Pourquoi donc ne vous vois-je pas, mon cher ami ? Je suis inquiète de vous. Vous m'aviez tant promis de ne faire qu'aller et venir de l'Hermitage ici. Sur cela, je vous ai laissé libre ; et, point du tout, vous laissez passer huit jours. Si l'on ne m'avait pas dit que vous étiez en bonne santé, je vous croirais malade. Mon Dieu ! qu'avez-vous donc ? vous n'avez point d'affaires ; vous n'avez pas non plus de chagrins, car je me flatte que vous seriez venu sur le champ me les confier. Vous êtes donc malade ! tirez-moi d'inquiétude bien vite, je vous en prie. Adieu, mon cher ami ; que cet adieu me donne un bonjour de vous. » Rousseau fit une réponse ambiguë, vaguement accusatrice et qui sentait l'orage. De plus en plus inquiète — elle connaissait son Rousseau —, Mme d'Epinay le supplie de venir lui expliquer sa réponse à laquelle « elle ne comprend rien », et, à tout hasard, dit-elle, elle lui conseille d'arrêter les progrès que fait l'inquiétude dans la solitude : une mouche y devient un monstre.

Au lieu d'aller s'expliquer, comme l'y invitait amicalement Mme d'Epinay, Rousseau lui écrivit la lettre suivante qu'il faut qu'on me permette de citer, car elle nous édifie pleinement à la fois sur le caractère et sur le cœur de Rousseau : « Je ne puis vous aller voir ni recevoir votre visite tant que durera l'inquiétude où je suis. La confiance dont vous parlez n'est plus, et il ne vous sera pas aisé de la recouvrer. Je ne vois à présent, dans votre empressement, que le désir de tirer des aveux d'autrui quelqu'avantage qui convienne à vos vues ; et mon cœur, si prompt à s'épancher dans un cœur qui s'ouvre pour le recevoir, se ferme à la ruse et à la finesse. Je reconnais votre adresse ordinaire dans la difficulté que vous trouvez à comprendre mon billet. Me croyez-vous assez dupe pour penser que vous ne l'ayez pas compris ? Non ; mais je saurai vaincre vos subtilités à force de franchise. Je vais m'expliquer plus clairement afin que vous m'entendiez encore moins. Deux amants bien unis et dignes de s'aimer me sont chers : je m'attends bien que vous ne saurez pas qui je veux vous dire, à moins que je ne vous les nomme. Je présume qu'on a tenté de les désunir et que c'est de moi qu'on s'est servi pour donner de la jalousie à l'un des deux. Le choix n'est pas fort adroit, mais il a paru commode à la méchanceté, et cette méchanceté, c'est vous que j'en soupçonne. J'espère que ceci devient plus clair. Ainsi donc la femme que j'estime le plus aurait, de mon su, l'infamie de partager son cœur et sa personne entre deux amants, et moi celle d'être un de ces deux lâches ? Si je savais qu'un seul moment de la vie vous eussiez pu penser ainsi d'elle et de moi, je vous haïrais jusqu'à la mort. Mais c'est de l'avoir dit, et non de l'avoir cru, que je vous taxe.

... Je n'imagine pas que les perplexités où je suis puissent durer plus longtemps. Je ne tarderai pas à savoir si je me suis trompé. Alors j'aurai peut-être de grands torts à réparer et je n'aurai rien fait en ma vie d'aussi bon cœur. Mais savez-vous comment je rachèterai mes fautes durant le peu de temps qui me reste à passer près de vous ?... en vous disant franchement ce qu'on pense de vous dans le monde et les brèches que vous avez à réparer à votre réputation. »

Cette lettre pourrait se passer de commentaires : (1) si l'on se rappelle, d'une part, ce qu'avait été pour Rousseau Mme d'Epinay, et, d'autre part, ce qu'avait été ou voulu être Rousseau pour Mme d'Houdetot, c'est là la lettre, il n'y a pas d'autres termes qui servent, d'un goujat et d'un menteur. La grossièreté des termes mêmes saute aux yeux et que Rousseau ait osé, non seulement l'écrire à celle qui l'avait comblé de bienfaits, mais encore la transcrire en entier dans ses *Confessions*, en reconnaissant, je le veux bien, qu'elle contient « les insultes les plus ouvertes et les plus atroces », mais en y voyant surtout une « énorme imprudence » de sa part, cela nous montre à plein le fond même, c'est-à-dire toute la bassesse de son âme.

Mais Rousseau ne se contente pas d'insulter, il ment encore, disais-je : car n'est-ce pas mentir que de montrer, comme il le fait, sa situation vis-à-vis de Mme d'Houdetot ? « deux amants bien unis me sont chers ?... » et la suite. Mais

(1) M. Ritter appelle les lettres de Rousseau à Mme d'Epinay « violentes et inconsidérées. » C'est se montrer bien indulgent pour Rousseau, dont il blâme « la terrible imprudence » ; *impudence* me paraîtrait plus juste.

qui donc a tenté de « désunir » ces deux amants, si ce n'est Rousseau ? et qui donc a tout fait précisément « pour donner de la jalousie à l'un deux », si ce n'est encore Rousseau ? Et il continue avec un redoublement d'imposture : « ainsi la femme que j'estime le plus (il le lui a bien montré !) aurait, de mon su, l'infamie de partager son cœur et sa personne entre deux amants et moi d'être un de ces deux lâches. » Mais cette infamie et cette lâcheté, si l'on n'en peut accuser Mme d'Houdetot, il les a, lui, cent fois commises dans son cœur, comme il l'a très cyniquement avoué dans ses *Confessions* ; et alors de quoi ose-t-il s'indigner et quelle est cette comédie qu'il joue de l'innocence offensée ? Mais ce qu'il y a de plus révoltant dans cette lettre, qui sera une éternelle flétrissure pour celui qui a pris plaisir, on le sent, à y entasser tant d'outrages et de faussetés, c'est la phrase suivante que nous n'avons pas encore citée : « Je n'ai caché ni à vous, ni à elle (à Mme d'Houdetot) tout le mal que je pense de certaines liaisons (entendez : la liaison de Mme d'Houdetot avec Saint-Lambert) ; mais je veux qu'elles finissent (il veut !) par un moyen aussi honnête que sa cause (?) et qu'un amour illégitime se change en une éternelle amitié. » Entendez-vous le vertueux « citoyen », le Caton du siècle : il ne faut pas que Mme d'Houdetot brûle pour Saint-Lambert d'un « amour illégitime » ; et ne croyez pas que ce noble appel à la vertu soit une simple boutade : nous savons, par les lettres de Mme d'Houdetot, qu'il lui prêche le plus sérieusement du monde de renoncer à un amour coupable, et c'est l'homme qui a tout fait pour la ravir à Saint-Lambert, c'est l'amant de Thérèse qui catéchise Mme d'Houdetot et lui parle en directeur de conscience ! En vérité, ce n'est pas seulement l'Alceste de Molière qu'il peut, comme il s'en fait gloire, se vanter de bien jouer dans le monde : il s'entend parfaitement aussi à jouer Tartufe avec ses amis et avec les maîtresses de ses amis (1).

(1) Dans une curieuse lettre, publiée récemment, on voit Rousseau s'essayer gauchement et sournoisement dans ce rôle de convertisseur et, (de

En lisant l'affreux réquisitoire de Rousseau, Mme d'Epinay fut suffoquée : à de telles insolences la seule réponse à faire était de lui renvoyer sa lettre, et, si elle tenait à y répondre autrement, elle n'avait qu'à lui écrire ces trois mots : « vous êtes fou », — et cela, je crois, l'eût subitement rendu sage. Bonne, comme le lui reprochait justement Grimm, jusqu'à la faiblesse, Mme d'Epinay prit la peine de lui faire savoir qu'il « lui faisait pitié » et que néanmoins il serait reçu mieux que ne le méritaient ses odieux soupçons. Jean-Jacques, qui avait eu le temps de se calmer, et surtout d'envisager les conséquences de sa folie, — à savoir que si la réponse de Mme d'Epinay était telle qu'il la méritait, il ne lui restait plus qu'à déloger, — respira en lisant cette réponse qui, dit-il ingénûment, « le tira d'un terrible embarras » ; cela veut simplement dire qu'il n'était pas, comme il pouvait s'y attendre, congédié. Pourtant la réponse de Mme d'Epinay était telle qu'il « fallait sortir de l'Hermitage ou l'aller voir sur le champ. » Quel parti va-t-il prendre ?

Il a eu bien des ennuis à l'Hermitage et il en a longuement entretenu le lecteur des *Confessions* : Mme d'Epinay abuse de sa complaisance ; à tout instant, et quand il se croit maitre de sa journée, il faut aller l'entretenir, ou, ce qui est pire, écouter la lecture de ce qu'elle écrit ; car elle s'est « fourré dans la tête de faire bon gré mal gré des romans et des contes et autres fadaises de ce genre » et à son premier mot, il faut courir et « se soumettre au joug » ; bref, il a compris qu'il s'est donné « une chaîne ». Si l'on ajoute à tant de griefs la

même qu'il veut ici détacher Mme d'Houdetot de Saint-Lambert), s'efforcer de ramener à la vertu Mme d'Epinay, alors pervertie par Grimm. Il écrit dès le 27 février 1757 au docteur Tronchin, que Mme d'Epinay va consulter à Genève : « Quant à elle (Mme d'Epinay), son *cœur* et son corps ont grand besoin de ce voyage ; la différence est qu'elle sent ses maux physiques et sera docile ; mais elle tient aux maximes des beaux philosophes musqués et je ne crois pas que vous l'en guérissiez facilement. N'est-il pas assez étrange qu'étant femme sensée, bonne amie, excellente mère de famille..., elle ne veuille pas faire honneur à sa raison de ce qu'elle refuse à ses penchants ! car, quoi qu'elle en puisse dire, le moyen d'être honnête gens sans combattre ? » c'est-à-dire, en somme, sans donner son congé à l'ami Grimm. *Annales J.-J. Rousseau*, I, 34.

trahison de Mme d'Epernay, voilà le moment ou jamais de s'affranchir et de rompre « sa chaîne » : Rousseau préféra aller voir Mme d'Epinay, c'est-à-dire aller au devant d'une explication qui était, par sa faute, diablement embarrassante. C'est que, entre temps, le souvenir des infinies bontés de Mme d'Epinay lui était revenu à l'esprit ; il pouvait, par exemple, se rappeller certain billet qu'il avait reçu un jour qu'il gelait fort et que lui avait écrit Mme d'Epinay, inquiète de le savoir seul, en hiver, au milieu des bois ; et ce billet doit avoir sa place ici, puisqu'il fait bien connaître la femme que Rousseau avait si brutalement outragée : « J'envoie, mon ermite, de petites provisions à mesdames Levasseur ; et comme c'est un commissionnaire nouveau dont je me sers, voici le détail dont il est chargé : un petit baril de sel, un rideau pour la chambre de Mme Levasseur, et un cotillon tout neuf à moi (que je n'ai pas porté, au moins), d'une flanelle de soie très propre à lui en faire un, ou à vous-même un bon gilet. Bonsoir, le roi des ours ; un peu de vos nouvelles. » J'ai toujours conservé, dit Rousseau, ce petit billet et n'y ai jamais repensé sans attendrissement : il y repensa peut-être en ce moment et à tant d'autres gâteries dont il avait été l'objet, et dont il allait se priver ; et il estima, sans doute, que, malgré tant de petits cadeaux qui l'avaient mis si souvent en colère, il n'était point trop mal à l'Hermitage ; ses yeux peu à peu se dessillant, il s'avisa que Mme d'Epinay n'était peut-être pas si coupable qu'il avait cru ; et alors, n'écoutant que son bon cœur, qui avait besoin de s'épancher, il se rendit à la Chevrette. A sa vue, Mme d'Epinay lui sauta au cou, ils mêlèrent leurs larmes et tout fut oublié : c'est ainsi qu'on s'explique, quand on est une bonne femme, comme Mme d'Epinay et une grande âme, comme était Rousseau ; c'est ainsi, du moins, qu'il nous a raconté leur réconciliation.

Le récit de Mme d'Epinay est un peu différent et un peu plus vraisemblable : « Rousseau, dit-elle, s'est jeté à mes genoux avec toutes les marques du plus violent désespoir ; il n'a pas hésité à convenir de ses torts ; sa vie, m'a-t-il juré, ne suffira pas à son gré à les réparer. » Je sais ce qu'on peut alléguer contre la véracité des deux récits : les deux narrateurs écrivent de mémoire et ils sont devenus ennemis quand ils tiennent la plume, mais ce n'est pas une raison suffisante pour les renvoyer dos à dos. Mme d'Epinay, pour peu qu'elle eût le souci de sa dignité, devait attendre les explications de Rousseau, et Rousseau, après l'infamie dont il venait de se rendre coupable, n'avait qu'un moyen de faire agréer ses explications et c'était de les offrir à genoux. Les choses ont dû se passer à peu près comme les raconte Mme d'Epinay. Quoi qu'il en soit, celle-ci avait pardonné et Rousseau pouvait rester son hôte, en attendant une nouvelle occasion, elle ne va pas tarder à s'offrir, de lui montrer son originale façon d'entendre les devoirs de la reconnaissance et de l'amitié.

V

Rousseau avait à peine fait sa paix avec Mme d'Epinay qu'il était en train de se chamailler avec Diderot. Il faut en prendre son parti : à partir de 1757, l'histoire de Rousseau est surtout l'histoire de ses querelles avec ses amis. Ces querelles sont fort embrouillées et nous n'avons pas toujours toutes les pièces du procès. Pour ce qui est, par exemple, des démêlés de Rousseau avec Diderot, la fille de Diderot, Mme de Vandeul, qui avait dû les entendre raconter par son père, avouait qu'elle n'était pas parvenue à en débrouiller l'écheveau : « c'est, a-t-elle écrit, un tripotage de société où le diable n'entendrait rien. » Je crois qu'un critique diligent peut être plus malin que le diable et y entendre au moins quelque chose, s'il veut bien s'armer, à la fois, de patience et d'impartialité, deux choses qui ont peut-être fait défaut à beaucoup d'historiens du XVIIIe siècle : si les uns ont reculé, par exemple, devant les broussailles de ces débats entre Rousseau et ses amis, les autres, qui y ont regardé de plus près, l'ont fait avec des yeux prévenus et ont plaidé, les Roussauistes surtout, plus qu'ils n'ont raconté. Il faut, de toute nécessité, si l'on veut bien connaître Rousseau, ses amis et ses ennemis, lire attentivement leurs lettres, écouter leurs propos, ne pas craindre de les citer et de les confronter même sur des points qui semblent insignifiants au premier abord et dont l'importance apparaît dans la suite. Si le lecteur veut bien me suivre dans ce dédale, je promets, l'ayant plus d'une fois parcouru, de lui épargner les pas inutiles et d'éclairer de mon mieux le chemin.

Les amis de Rousseau n'avaient rien compris à cet amour de la solitude qui était venu si subitement à celui-ci et l'avait éloigné d'eux et de Paris. Ils comprenaient d'autant moins que Rousseau par ses deux Discours avait réussi à se faire un nom, à devenir quelqu'un dans cette société d'écrivains qu'on appelait la République des lettres : ses *Discours* et son *Devin de Village* l'avaient mis au premier rang et c'est au lendemain même de son triomphe que brusquement il s'éclipsait ; et, nouvelle surprise pour ses amis, pour Diderot entre autres, qui savaient les difficultés de sa vie domestique : il se sauvait de Fontainebleau le jour même où on lui offrait une pension du roi, c'est-à-dire un supplément fort utile pour faire aller son ménage et nourrir cette tribu des Levasseur qui, à la suite de Thérèse, s'était abattue chez lui. Mais l'étonnement de ses amis devint, je crois, de l'agacement, quand ils virent ce même homme, qui avait été jusque là, au Panier fleuri et ailleurs, leur compagnon de plaisir, et dont ils connaissaient la vie intime avec ses défaillances et ses misères, tout à coup changer d'allures et prendre au grand sérieux ce rôle emphatique (qu'il n'avait joué, pensaient-ils, que pour la galerie), de héros à la Plutarque et de censeur des vices du temps.

Si l'on veut bien comprendre les dissentiments qui vont de plus en plus éloigner Rousseau des Diderot, des Grimm et des d'Holbach et de ce qu'il appellera la côterie holbachique, il faut bien marquer tout d'abord cet effet d'ahurissement que ne put manquer de produire sur tous ses amis la fameuse réforme, à la fois matérielle et morale, de Rousseau : de tous, le plus interloqué dut être Diderot, car nous avons vu que Rousseau savait, même avec lui, cacher son jeu; et d'ailleurs Rousseau lui-même n'avait-il pas été surpris tout le premier de ce qu'il nous montre comme une brusque révolution et, en partie du moins, involontaire, dans ses sentiments et dans tout son être. Ceux qui m'ont lu jusqu'ici m'accorderont, je crois, que Rousseau était tout au moins à demi-sincère dans sa réforme : mais ses amis ne pouvaient pas se donner, comme nous, la peine de lire dans son cœur : ils n'avaient pas les *Confessions* et la *Nouvelle Héloïse* pour les y aider! Ils crurent donc que l'ermite et le citoyen, comme il aimait à se faire appeler, ou se moquait d'eux, ou, s'il était sérieux, soutenait une gageure dont il se lasserait bien vite et qu'on allait le voir rentrer à Paris.

Si l'on veut bien, en effet, se rappeler ce qu'était Paris à cette date, la ville du monde où il était, pour un homme de lettres, le plus doux de vivre, le projet de Rousseau, d'aller vivre loin de Paris, et où ? au milieu des bois en vertueux anachorète, un tel projet ne pouvait être, pour un d'Holbach ou un Diderot, que la ridicule affectation d'un pédant. Quand ils parlent entre eux de Rousseau ou même quand ils lui écrivent, on sent, à travers leurs plaisanteries sur sa nouvelle vie « forestière », que, pour tous ses amis, et suivant un terme très familier, qui n'est pas encore français dans ce sens, mais qui seul rend bien le fond de leur pensée, on sent, dis-je, et qu'on me pardonne le mot, que pour eux Rousseau est un « poseur. » Ce qu'il y avait de sincère dans la réforme ou, en tous cas, dans les projets de réforme, de ce Genevois et de ce protestant, sinon vertueux, du moins enthousiaste de la vertu et moralisateur né, tout cela leur échappait ; de là des malentendus, qui étaient inévitables, et les fautes des uns et des autres, qui ne l'étaient pas moins; car sensibles et prompts à la riposte comme des gens de lettres, ils obéissaient à l'impression du moment et la traduisaient séance tenante, et faute d'éducation première, en paroles véhémentes et blessantes : c'est ainsi que Diderot et Rousseau vont se faire l'un à l'autre, comme ils s'en sont mutuellement accusés, « de mortelles blessures. »

En 1757 Diderot fit paraître son *Fils naturel* avec cette préface dialoguée qu'il a intitulée : *Entretiens sur le Fils naturel.* En lisant, dans cette préface, la phrase suivante : « il n'y a que le méchant qui soit seul », Rousseau devient perplexe : à qui donc, se demande-t-il, a pensé Diderot en écrivant cette phrase ? à moi, c'est certain, car depuis que nous vivons séparés, Diderot n'a cessé de me harceler ; et d'ailleurs, s'il n'avait pas voulu me viser personnellement par son impertinente maxime, est-ce qu'il ne devait pas, en la formulant, songer à l'ami qui vivait solitaire et faire à sa vérité générale une exception tout au moins en faveur de cet ami ? Au reste, à la réflexion, quel singulier ami lui-même que ce Diderot ! un donneur de conseils, oui, et surtout de conseils qu'on ne lui demande pas ; et encore un donneur de rendez-vous auxquels il ne se rend jamais. Mais quand cessera-t-il donc, lui, « plus jeune que moi » de prétendre « me gouverner comme un enfant » ? et de me faire aller jusqu'à Saint-Denis pour me laisser dîner seul après l'avoir attendu des heures entières ? Et voilà qu'à ces torts « multipliés » il vient en ajouter un plus grave encore dans sa Préface !

Aussi le cœur « navré », Rousseau envoie à Diderot une lettre qu'il a écrite, dit-il, avec une douceur et un attendrissement qui le font inonder de larmes son papier. La lettre est perdue : l'auteur avait dû y verser, outre ses larmes, un peu de la bile concentrée qu'il nourrissait depuis longtemps contre Diderot. Il aurait mieux fait de remarquer tout simplement que, prise à la lettre, la phrase de l'auteur du *Fils naturel* ne s'appliquait à personne, puisque, pour être méchant, c'est-à-dire pour nuire à quelqu'un, il ne faut pas vivre tout seul et que cette sentence, comme tant d'autres de cette force de Diderot, ne signifiait rien du tout. Cette bêtise, échappée à Diderot, Rousseau l'a plus tard jugée à sa valeur, mais il avait besoin, pour son humeur présente, de prendre Diderot en flagrant délit de malignité et de perfidie. Il a transcrit, dans ses *Confessions*, la réponse que lui fit Diderot et qu'il donne, assure-t-il, mot pour mot ; il n'en donne, en réalité, qu'un très court extrait (1). « Venez donc, lui disait en substance Diderot, passer deux jours chez moi ; j'irai vous prendre en fiacre à Saint-Denis ; nous passerons ces deux jours à revoir ensemble votre ouvrage (la *Nouvelle-Héloïse*). Quant aux ermites, dites en tant de bien qu'il vous plaira : vous serez le seul au monde dont j'en penserai, encore y aurait-il à dire là-dessus si l'on pouvait vous parler sans vous fâcher. Une femme de 80 ans !... Adieu citoyen ! c'est pourtant un citoyen bien singulier qu'un ermite. » Rousseau, en copiant cette lettre de Diderot, s'est bien gardé de citer le trait final : c'est qu'il était aussi amusant que juste. Mais que signifiait l'exclamation de Diderot sur cette femme de 80 ans? Il s'agissait de la vieille Levasseur, sur laquelle le trop sensible Diderot éprouvait le besoin de s'apitoyer. Mme Levasseur s'ennuyait, on l'a vu, à l'Hermitage et elle allait faire ses jérémiades et prêcher misère chez les amis de Rousseau : elle en recevait des consolations et aussi, ce qu'elle prisait davantage, et dont elle se gardait bien de parler à Rousseau, de temps à autre quelques petites sommes ou menus cadeaux : c'était une pleurnicheuse et une quémandeuse et Diderot avait tort de l'écouter et encore plus tort de faire à Rousseau un reproche de l'avoir, malgré les susdits 80 ans, emmenée à la campagne. Mais Diderot ne serait pas Diderot s'il ne se mêlait que de ses affaires. Il a remarqué, dans sa *Poésie dramatique*, que les poètes devraient tirer parti de certains personnages qu'il appelle des « intervenants », et qu'il définit ainsi : « Ce sont des personnages qui se fourrent partout sans être appelés, qui se mêlent de nos affaires et les terminent ou les brouillent malgré nous. » C'est justement le personnage qu'il avait dû souvent jouer (mais, ne l'oublions pas, sans avoir eu jusque là à s'en repentir) avec un Rousseau, faible de caractère et auteur à la fois inconnu, hésitant et cherchant sa voie : alors Diderot

(1) La lettre entière est dans Streckeisen-Moulton, *J.-J. Rousseau, ses amis ses ennemis*, I, 272.

était « le bon Diderot », et ce conseiller était un « Aristarque ». Mais depuis le *Devin du village*, Rousseau s'est redressé, il prétend maintenant marcher seul et faire à sa tête; c'est enfin un nouveau Rousseau qui est né : Diderot va l'apprendre à ses dépens.

A l'invitation de Diderot, Rousseau répond par une lettre que nous n'avons pas, mais où il lui signifie qu'il « n'ira plus à Paris ». Eh bien ! alors, lui réplique Diderot, « samedi matin, quelque temps qu'il fasse, je pars pour l'Hermitage ; ... il faut bien que je me venge de tout le mal que vous me faites depuis quatre ans » (ils n'en étaient donc pas à leur première pique) ; et il trouve d'ailleurs moyen d'invoquer, dans sa lettre, à la fois Scipion l'ancien et cette pauvre Mme Levasseur. Rousseau est outré : il informe Mme d'Epinay que Diderot lui a écrit une lettre qui lui « perce l'âme » et la très bonne Mme d'Epinay, dans une longue épître, essaie d'apaiser cet atrabilaire : « prenez garde, mon cher ami, à ne point laisser cheminer le germe de l'aigreur... j'ai entendu dire hier chez le baron (d'Holbach) que Diderot allait vous voir samedi. Je n'y conçois rien » ; et, en effet, il lui est difficile de concevoir pourquoi Diderot tient tant à voir samedi (et quelque temps qu'il fasse a affirmé Diderot, et même il a ajouté, par un retour pathétique sur sa pauvreté, qu'il ira à pied), pourquoi, dis-je, Diderot tient tant à voir cet homme qui lui a fait « tant de mal » et dont il vient si cruellement lui-même de « percer l'âme ». Heureusement Rousseau vient l'éclairer en lui envoyant : 1° Cette lettre où Diderot lui avait fait entendre, paraît-il, que « c'est par grâce qu'il ne le regardait pas comme un scélérat » ; 2° la réponse qu'il se propose de faire à la lettre de Diderot (lettre de Rousseau, du mercredi soir 1757) ; et 3° une lettre d'explication (sans date dans la correspondance de Rousseau). Mme d'Epinay lit tout cela et, le même jour, lui écrit une seconde lettre (comme ces gens du XVIIIe siècle étaient écrivassiers !) où elle dit, cette fois en connaissance de cause, son impression sur le tout et sa lettre, qui est le bon sens même, peut se résumer en ces mots, qui résument à leur tour tout ce chamaillis : « de grâce, ne vous brouillez pas pour rien, exactement rien, avec votre meilleur ami (1). »

Rousseau avait supplié Mme d'Epinay d'empêcher Diderot de venir le voir : dans l'état d'exaspération où il se trouvait, c'eût été, dit-il, la rupture. Alors Mme d'Epinay, par un mensonge de l'amitié, avait prévenu Diderot d'attendre Rousseau chez lui, espérant décider Rousseau à aller voir lui-même son ami : Rousseau ne bouge pas de chez lui ; là-dessus nouvelle lettre de Diderot, où Rousseau cette fois est bel et bien traité de « méchant et de féroce » ; Diderot, il est vrai, « en pleure de douleur », et cela amène une nouvelle explication de Rousseau où il reprend, dit-il, l'histoire de leurs démêlés ; et chacun, de son côté, accable son ami des reproches les plus amers qu'il entrecoupe d'effusions lyriques et de sanglots mal étouffés ; et l'on ne sait plus, au milieu de toutes ces explosions contraires, si c'est la haine ou l'amour qui éclate et l'emporte chez chacun d'eux : mais l'on croit deviner que Rousseau, en toute cette affaire, n'est peut-être pas fâché de se détacher peu à peu d'un conseiller qu'il juge maintenant inutile et, par conséquent, importun. C'est la conclusion à tirer de ces premiers démêlés et c'est celle aussi qu'entrevoit enfin Diderot : « Je crains que les liens les plus doux ne vous soient devenus fort indifférents. »

La personne qui avait, et pour les raisons que l'on sait, le plus d'ascendant sur Rousseau, c'était Mme d'Houdetot. Elle intervint en faveur de Diderot et obtint que Rousseau fît les premier pas et allât voir « le philosophe ». Celui-ci avait, à ce moment même, à tenir tête à la fois à l'orage déchaîné contre l'Encyclopédie et à la fâcheuse accusation d'avoir pillé chez Goldoni son *Fils naturel*. Un ami, commun aux deux écrivains en querelle, Deleyre, écrivait à Rousseau (23 août 1757) : « le déchaînement est tous les jours plus terrible contre Diderot. Mme de Graffigny fait courir le bruit que vous avez

(1 Streckeisen-Moultou, ibid., I, 338.

rompu avec votre ami depuis qu'on le traite si mal. » L'occasion était belle pour Rousseau de faire le généreux et de montrer à tout Paris que, malgré ses justes griefs, il savait pardonner à un ami malheureux : il alla passer deux jours entiers chez Diderot. On s'embrassa et surtout on pleura ensemble, toute bonne réconciliation, au XVIIIe siècle, devant être cimentée par d'abondantes larmes et, en attendant de nouveaux orages, on se jura une éternelle amitié ! « On nous réconcilia, dit Fabrice dans *Gil Blas*, nous nous embrassâmes et, depuis lors, nous fûmes ennemis mortels. »

Dans cette première brouille avec Diderot, Rousseau n'avait certes pas eu tous les torts ; Mme d'Epinay convient elle-même, dans ses Mémoires, que les lettres de Diderot étaient « un peu dures » ; et l'on peut même dire, une fois pour toutes, que les amis de Rousseau, connaissant sa sensibilité maladive et sachant très bien que le meilleur moyen de le ramener était de lui parler avec douceur, auraient dû parfois, s'ils l'aimaient véritablement, et même quand ils avaient raison, commencer par céder quelque chose de leurs droits, sauf à le gronder après l'avoir apaisé : au contraire, voilà Diderot lui-même, le cordial et expansif Diderot (et que sera-ce de l'imperturbable Grimm ?) qui lui fait la leçon et s'applique à le morigéner. Rousseau alors se révolte, s'indigne de plus belle : « ne savent-ils pas qu'il n'y a point d'incendie au fond de mon cœur qu'une larme ne pût éteindre ? » Supposons, dit-il à Mme d'Epinay, qu'il m'arrive de mal interpréter un discours de votre part, comme j'ai peut-être fait la malencontreuse maxime de Diderot et d'autres passages de ses lettres : vous vous hâteriez assurément de m'expliquer votre idée (et, au fait, pourquoi Diderot n'a-t-il pas tout simplement répondu à Rousseau qu'il n'avait pas pensé à lui en écrivant sa maxime ?) et vous vous garderiez de soutenir durement et sèchement ces mêmes propos dans le mauvais sens où je les aurais entendus (lettre du jeudi 1757). Mais eux ! ils ne cèdent rien, n'expliquent rien ; il leur suffit d'avoir raison à leurs yeux. Tous ces gens-là, voyez-vous, sont si hauts, si maniérés, si secs ! Le moyen d'oser les aimer encore ? (Mémoires de Mme d'Epinay, II, 173).

Et enfin, dans cette même lettre, si curieuse, à Mme d'Epinay, où Rousseau explique, avec une candeur qui stupéfie, tout ce qu'il se croit en droit d'exiger de ses amis, a-t-il complètement tort lorsqu'il avance qu'en sa qualité de solitaire, il est plus sensible qu'un autre, et qu'en sa qualité de malade il a droit à des ménagements ? Tout cela est vrai et si peut-être ce n'était pas à Rousseau à le dire, c'était assurément à ses amis à s'en souvenir.

Voilà donc, si l'on veut, les torts de ses amis : ils ont manqué de patience et de charité. Mais convenons tout de suite qu'il devenait de plus en plus malaisé de vivre en bonne harmonie avec Rousseau, depuis que sa gloire naissante et sa folle passion avaient concouru à lui faire perdre la tête. Ce qu'il veut désormais de ses amis (lettre du jeudi 1757), c'est qu'ils soient tout simplement ses amis, non ses maîtres ; il veut bien « endurer leurs bienfaits », mais c'est à la condition que, pour le servir, ils consulteront son goût, non le leur. « Que si lui, Rousseau, se met en colère mal à propos, son ami n'a pas le droit de s'emporter à son tour : il n'a qu'à le caresser de son mieux et attendre que sa colère soit passée. Il sait parfaitement d'ailleurs et, loin de s'en défendre, il reconnait hautement qu'il exige de son ami bien plus qu'il ne permet à celui-ci d'exiger de lui-même ; mais ne sait-on pas que les duretés d'un ami l'occupent la nuit, à la promenade, partout, et lui donnent en un seul jour des années de douleur ! »

Ce que Rousseau demande, en somme, à ses amis, des caresses et de douces paroles, en échange de ses moments d'humeur et de ses furieuses colères, et aussi, ne l'oublions pas, de ses injurieux et perpétuels soupçons, ce n'est pas d'eux — ils sont des hommes et cèdent, comme lui, à leur égoïste passion —, c'est des femmes seules qu'il pourra l'obtenir : toutes celles, en effet, qui resteront un certain temps ses amies, n'y réussiront que grâce à une patience infinie et à une infatigable douceur. Voyez, en effet, et précisément dans cette lettre où il fait ses conditions à ceux qui veulent de son amitié ; tout ce qu'il demande avec tant d'aplomb, il l'a trouvé justement chez Mme d'Epinay : « tous ces ménagements que j'exige, vous les avez eus sans que j'en parlasse ; » et Mme d'Houdetot les aura aussi, et aussi Mme de Luxembourg et tant d'autres femmes qu'il ne cessera de rudoyer et qui ne cesseront pas de le caresser ; ce qui prouvera, je crois, ces trois choses : premièrement que Rousseau est un ours mal léché, mais ceci qui ne le sait de reste ? Secondement, que les femmes qui ont réussi à rester plus de quinze jours les amies de Rousseau étaient des anges ; et troisièmement que Rousseau, malgré tout, malgré son ourserie, malgré ses innombrables et incontestables défauts de caractère, savait pourtant être aimable : on ne s'expliquerait pas sans cela que « les amoureuses de Rousseau » aient été si nombreuses et leur indulgence pour lui si inépuisable. N'est-il pas curieux, par exemple, que cette même Mme d'Epinay, à qui il a fait un si sensible outrage, lui écrive, au moment de sa querelle avec Diderot — et ses lettres d'alors ne sont pas de celles qu'elle a imaginées après coup dans le roman historique que sont ses Mémoires ; mais l'original même nous en est resté (1) — n'est-il pas curieux, dis-je, qu'elle lui écrive sur ce ton : « adieu, mon cher et malheureux ami. Que je vous aime, que je vous plains ! Si vous vouliez venir passer vingt-quatre heures avec moi (Mme d'Epinay était à Paris), et ne voir uniquement que moi, je vous enverrais mon carrosse lundi matin à Montmorency qui vous ramènerait le mardi matin... Mon ami, ne m'écouterez-vous pas, en attendant que vous soyez en état de vous écouter vous-même ? »

Voilà comment lui parlait encore la femme qu'il avait traitée comme on a vu et dont il a osé dire, à ce propos, dans ses *Confessions*, que la comtesse d'Houdetot l'avait soupçonnée de la même noirceur que lui : « *nous* ne restâmes

(1) Streckeisen-Moultou, ibid. I, 339.

pas longtemps en doute sur la main dont partait le coup » (la dénonciation à Saint-Lambert). Et cette charmante Sophie, dont tous les contemporains s'accordent à dire qu'elle ne soupçonnait pas même le mal chez autrui, nous l'accuserions aujourd'hui d'une bien coupable légèreté, si l'on n'avait retrouvé un billet d'elle, de cette date (2 octobre 1757), où elle supplie Rousseau de n'être pas trop prompt à condamner Diderot ; et, pour le mettre en garde contre lui-même, elle ajoute : « je vous ai vu soupçonner Mme d'Epinay d'une étrange méchanceté. » Ce qui prouve, une fois de plus, que les *Confessions* ne disent pas toujours la vérité.

VI

L'intervention si chaleureuse de Mme d'Epinay dans les démêlés de Rousseau avec Diderot nous atteste, non seulement que Rousseau était rentré en grâce auprès d'elle, mais qu'elle était redevenue son amie et sa confidente : le retour de Grimm va promptement faire cesser cette intimité. Grimm, que Mme d'Epinay tenait au courant de tous ses faits et gestes, et qui, de Westphalie où il avait suivi, à l'armée, M. de Castries, prodiguait ses conseils et ses remontrances à Mme d'Epinay, avait blâmé celle-ci quand elle avait offert à Rousseau un asile à l'Hermitage. Clairvoyant et sagace comme il était, il n'avait pas passé plusieurs années dans l'intimité de Rousseau sans le pénétrer et le connaître à fond; il avait prédit à Mme d'Epinay qu'elle ne tarderait pas à se repentir de l'avoir accueilli chez elle et l'évènement lui avait donné raison : et maintenant il revenait bien décidé à reprendre sur Mme d'Epinay l'ascendant que lui assuraient à la fois son propre caractère, très ferme et volontiers tyrannique, et la tendresse de cœur qu'elle lui avait gardée pendant son absence ; et il était non moins décidé à user de cet ascendant pour éloigner peu à peu de Mme d'Epinay l'inquiétant et compromettant voisin qu'elle s'était donné.

A peine débarqué à la Chevrette, Grimm fit sentir à Rousseau qu'il était le maître de céans : « Son abord, dit Rousseau, fut celui du comte de Tuffière ; à peine daigna-t-il me rendre le salut ; il passait partout le premier, prenait partout la première place sans jamais faire attention à moi ». Cette attitude, que Rousseau donne à Grimm, est tout à fait vraisemblable ; elle nous est, pour ainsi dire, confirmée par toute la conduite qu'il va tenir à l'égard de Rousseau, qui le gêne, et elle s'accorde parfaitement avec ce que nous savons de son caractère : en effet, il a déjà délivré Mme d'Epinay des assiduités et, pour ainsi parler, des retours offensifs de Francueil et il n'a eu, pour cela, qu'à parler ferme et, sans doute aussi, qu'à faire valoir ses droits ; car il avait supplanté, dans le cœur de Mme d'Epinay, le séduisant, mais trop volage Francueil. Dans toute cette société d'hommes et de femmes qui se retrouvent si fréquemment à la Chevrette, Grimm semble être le seul qui ait de la décision et de l'esprit de suite : c'est aussi lui qui les mène tous. Quand Rousseau imaginera plus tard le fameux complot préparé de longue main contre lui et toutes les intrigues ténébreuses que l'on sait, évidemment son esprit alors battra la campagne ; pourtant il voyait juste dans sa folie quand il tenait Grimm pour son plus redoutable ennemi. Ce n'est pas, en effet, l'indulgente et faible Mme d'Epinay, ni l'inconsistant Diderot qui lui auraient tenu rigueur bien longtemps : mais Grimm était derrière eux, prêt à les faire rougir de leur défaillance. Cet impérieux et arrogant Germain ne courait, lui, le danger de trop s'attendrir que devant les monarques et les princes. Les brutales plaisanteries et les amicales avanies dont l'honoreront un Frédéric et une Catherine le feront pleurer de tendresse : mais le baron Grimm n'aura point de faiblesse humaine quand il s'agira de remettre à sa place le simple citoyen de Genève. Sans doute, dans ses démêlés avec Rousseau, il a raison contre lui, on le verra de reste ; mais il a trop orgueilleusement raison contre son ancien ami ; et, dans la conduite qu'il dicte à Mme d'Epinay, pour la mettre à l'abri des incartades de Rousseau, il est bien le plus ferme et le plus judicieux des Mentors; mais il oublie trop que s'il peut jouer un tel rôle, c'est, en définitive à Rousseau qu'il le doit, puisque c'est Rousseau qui l'a introduit à la Chevrette : or travailler, avec une telle intrépidité et un tel esprit de suite, à faire chasser d'une maison celui qui vous y a fait entrer, et quels que soient d'ailleurs les torts de celui-ci, n'est-ce pas montrer un acharnement et une habileté dont ne serait pas capable une âme vraiment délicate? Les torts de Rousseau, et ils sont énormes, ne sauraient absoudre un Grimm de sa sécheresse d'âme, ni même un Diderot de son indiscrétion et de ses importunités. Il y a une part de vérité dans les amères récriminations de Rousseau contre Grimm : « Je lui ai donné tous mes amis; non seulement il ne m'a fait connaître aucun des siens, mais il m'a ôté tous les miens ».

Ajoutons qu'au dire de Rousseau il lui ôtait aussi ses pratiques : n'avait-il pas décrié ses copies de musique, et non pas par manière de plaisanterie, puisqu'il se servait lui-même d'un autre copiste! qui lui achèterait désormais ses copies, si ses amis eux-mêmes n'en voulaient plus et qu'allait devenir son gagne-pain? L'auteur de la *Nouvelle-Héloïse* se plaignant du discrédit jeté sur son petit commerce de musique, cela paraît, au premier abord, assez bouffon : c'était pourtant un de ses griefs les plus sérieux contre Grimm. Grimm ayant relevé des fautes dans ses copies, il en résultait pour lui plusieurs conséquences : un préjudice matériel, que nous ne pouvons pas, il est vrai, apprécier, mais qui n'a pas dû être bien considérable, car les gens qui lui commandaient des copies les lisaient-ils toujours? Il y avait sans doute là, pour eux, une manière détournée et honnête de venir en aide à Rousseau; mais précisément c'est cela même, cette aumône déguisée, que les critiques de Grimm faisaient ressortir et c'est de quoi, ce me semble, lui en voulait Rousseau : si on lui achetait de la mauvaise copie, c'est donc qu'on ne prenait pas le copiste au sérieux; l'on pourrait dire de plus, comme on l'a dit, que Grimm, par ses plaisanteries et ses critiques, ne faisait que démasquer la charlatanerie de ce faux artisan; et cela serait vrai s'il était absolument prouvé que Rousseau, en prenant un métier, ne fut, en effet, qu'un charlatan d'indépendance et de vertu, mais c'est ce qui n'est pas du tout démontré. Les déclarations républicaines de Rousseau et ses éloges emphatiques de la vertu ne nous donnent pas le droit de penser qu'il n'aimait pas sincèrement la vertu et ne professait pas un sincère enthousiasme pour la liberté individuelle et la fierté civique : on peut déclamer et être pourtant sincère. Qu'y a-t-il de plus aisément déclamatoire que le véritable amour et faudra-t-il accuser de fausseté la plupart des femmes, parce que, sous le coup d'une grande émotion, elles se laissent aller à exagérer et à déclamer? Or justement quel auteur a été, par son ardente sensibilité, par sa vive et mobile imagination, plus féminin que Rousseau? Si donc Grimm avait eu un peu de cette sympathie et de ces égards qu'on doit, même aux manies de ses amis, il aurait dû s'abstenir de railler, avec cette froide ironie qui était dans son caractère, la manie — innocente, après tout, à supposer que ce fût une simple manie, — qu'avait Rousseau de vouloir gagner sa vie en copiant de la musique. Mais il y avait là, j'en suis sûr, autre chose qu'une manie et autre chose que ce qu'y voyait Grimm et que ce qu'ont vu certains critiques, à savoir : une simple affectation.

Pour être complètement juste envers Rousseau, il faut, tout en blâmant l'ostentation et l'emphase qu'il met aussi bien dans ce qu'il fait que dans ce qu'il dit, lui tenir compte de ses sérieux efforts vers une vie plus indépendante et plus régulière que celle de la plupart des hommes de lettres, ses contemporains. Il sent très bien, je crois, qu'il ne sera pleinement lui et qu'il ne donnera tout son essor à son génie, que s'il peut développer tout à son aise, et jusqu'aux plus extrêmes conséquences où le pousse sa fougueuse dialectique, ses idées les plus originales, les plus paradoxales même; or, s'il ne compte, pour vivre, que sur le produit de ses ouvrages, le voilà à la merci des libraires et du public à la fois. Il devra en outre se hâter, lui qui ne travaille qu'à ses heures et qui pense avec lenteur ; modifier peut-être, en vue du succès immédiat, des idées qui pourraient choquer le lecteur, abréger enfin, et bâcler, si le besoin le presse, un ouvrage tel que l'*Émile* ou la *Nouvelle-Héloïse*, alors qu'il prend plaisir au contraire, son pain étant assuré, à développer tranquillement ces travaux de longue haleine, à les retoucher sans cesse ou à les recopier de sa belle écriture sur ce fameux papier doré qu'il réservait à sa *Julie*. Il nous a expliqué son idée lui-même, en y mêlant un peu trop de cette jactance dont il ne peut pas se départir quand il parle de lui, mais pourtant avec une fermeté et une sincérité d'accent qui doivent faire impression : « Je sentais qu'écrire pour avoir du pain eût bientôt étouffé mon génie et tué mon talent, qui était moins dans ma plume que dans mon cœur et né uniquement d'une façon de penser élevée et fière qui seule pouvait le nourrir. Rien de vigoureux, rien de grand ne peut partir d'une plume toute vénale. Il est trop difficile de penser noblement quand on ne pense que pour vivre... Mon métier pouvait me nourrir si mes livres ne se vendaient pas ; et voilà précisément ce qui les faisait vendre. » (1)

Mais il y a plus : ce métier, qu'il avait pris, et qu'il avait peut-être le tort de trop afficher, ne lui assurait pas seulement une plus grande indépendance de pensée : il l'affranchissait bien réellement de certaines servitudes et même, le mot n'est pas trop fort, de certaines apparences de domesticité avilissante auxquelles n'échappèrent pas, malgré l'indulgence du siècle, les Grimm et les Saint-Lambert. Sans doute, que Rousseau ait accepté d'être l'hôte de Mme d'Epinay, cela jure bien un peu, il en faut convenir, avec ses grands airs de citoyen qui ne doit rien à personne ; et il le sent très bien et c'est même, je crois, en partie pour cela, qu'il est parfois si rogue avec sa bienfaitrice : mais cependant qu'est-ce donc qu'accepter l'hospitalité dans une bicoque abandonnée

(1) *Confessions*, II, 9.

et sommairement restaurée comme l'était l'Hermitage, si l'on songe à ce que recevaient de leur « amie » un Grimm ou un Saint-Lambert ? Car enfin ce que l'un, Grimm, chez Mme d'Epinay, dans ses longs séjours à la Chevrette, et l'autre, Saint-Lambert, pendant ce fameux demi-siècle de fidélité quasi-conjugale, à Eaubonne ou ailleurs, chez Mme d'Houdetot, ce qu'ils trouvaient tous deux, pour prix de leur constance, c'était bel et bien, comme dit le fabuliste : bon souper, bon gîte et le reste. Et, pour nous en tenir à la Chevrette, veut-on voir le gîte ? c'est une chambre contiguë à celle de Mme d'Epinay avec porte masquée de communication ; et voici le souper : une petite table au coin du feu, deux couverts, Grimm installé dans un fauteuil en face de Mme d'Epinay.

Tous ces piquants détails, nous les devons, bien entendu, à l'indiscrétion de Rousseau, qui enrage de se voir confiné, quand il est invité, « au bout de la table et loin du feu » ! Il avait eu, jusque là, la première place à la Chevrette : l'arrivée de Grimm le reléguait au second rang, d'où sa fureur contre « ce fat aux yeux troubles et à la figure dégingandée ». Excédé enfin de ses airs d'empereur romain, il prend le parti de ne plus le voir et il en avertit Mme d'Epinay : avertissement judicieux, car cesser de voir Grimm, n'était ce pas renoncer à la Chevrette, où Grimm s'était impatronisé, et se condamner peut-être aussi, la situation s'aggravant, à renoncer un jour à l'Hermitage lui-même ? Tiraillée ainsi, en sens contraires, par les exigences de son « tyrannique » amant (on appelait Grimm Tyran Le Blanc) et par les jérémiades de son ombrageux ami, Mme d'Epinay, qui ne pouvait encore se décider (elle ne s'y résignera qu'à la dernière extrémité), à sacrifier son ami à son amant, écrivit à Rousseau une lettre aussi affectueuse que sensée, et sans doute amadoua Grimm en lui adressant la même prière que Diderot avait un jour faite au critique : « de la douceur ! » ; bref, elle prévint une rupture définitive : Rousseau consentit à faire les premiers pas et tout fut oublié. La réconciliation eut vraisemblablement lieu trois ou quatre semaines après l'arrivée de Grimm. Mme d'Epinay conservait toujours pour Rousseau une affection très vive, « mêlée de commisération pour cette âme « ulcérée et noircie par l'amertume » (c'est ce qu'elle lui écrivait à cette date). Elle espérait, malgré tout, que Rousseau lui saurait gré des mille prévenances qu'à l'insu de Grimm elle allait continuer à avoir pour son cher et malheureux « ermite » et, ainsi que sa belle-sœur, Mme d'Houdetot, elle se flattait de garder près d'elle Rousseau comme un fidèle et reconnaissant ami : c'était se faire sur le caractère de Rousseau d'étranges illusions que Rousseau va se charger lui-même de dissiper.

VII

Nous voici arrivés à « la grande révolution dans la destinée » de Rousseau, à ce qu'il appelle encore « la catastrophe qui a partagé sa vie en deux parties si différentes et qui, d'une bien légère cause, a tiré de si terribles effets. » Un jour, Mme d'Epinay annonce qu'elle va partir pour Genève : sa santé, qui est mauvaise, s'est délabrée au point qu'il faut qu'elle aille consulter, à Genève, le médecin alors en vogue, Tronchin. Rousseau lui ayant demandé qui elle emmenait avec elle : mon fils, lui répond-elle, et son précepteur, Linant; et elle ajoute « négligemment », dit Rousseau, qui veut par là insinuer qu'elle cachait son jeu : « et vous, mon ours, ne viendrez-vous pas aussi ? » On était à l'entrée de la mauvaise saison, et Rousseau, à qui l'hiver faisait d'ordinaire sentir plus vivement ses incommodités, ne se souciait pas du tout de se mettre en route. Il se contenta, pour toute réponse, de plaisanter sur l'utilité dont un malade tel que lui serait à une autre malade et Mme d'Epinay n'ayant pas du tout insisté, il ne fut plus question du départ de Rousseau : ce récit ne peut-être mis en doute, puisque c'est celui des *Confessions*. Tout semblait fini, puisque, au dire de Rousseau lui-même, Mme d'Epinay « ne paraissait pas lui avoir fait tout de bon la proposition de l'accompagner ». Rousseau pouvait donc retourner à ses livres et à ses rêveries et Mme d'Epinay faire tranquillement ses préparatifs de voyage.

Malheureusement Diderot veillait et, comme d'ordinaire, il veillait, en insupportable ami, en ami enragé, sur la réputation de Rousseau; et, pour l'engager à accompagner Mme d'Epinay, il écrivit tout ce qu'il fallait pour lui en ôter l'envie et le mettre en fureur : « J'apprends que Mme d'Epinay va à Genève et je n'entends point dire que vous l'accompagnez. Mon ami, content de Mme d'Epinay, il faut partir avec elle; mécontent, il faut partir plus vite... L'hiver ? voyez, mon ami... êtes-vous plus mal aujourd'hui que vous ne l'étiez, il y a un mois ?... On vous soupçonnera, ou d'ingratitude, ou d'un autre motif secret... Si mon billet vous déplaît, jetez-le au feu. » Diderot est bien bon de terminer une telle lettre en conseillant à Rousseau de la jeter simplement au feu, et qu'il n'en soit plus question ? mais qu'on se mette à la place de Rousseau : il est d'âge (à 45 ans) à savoir se conduire, il est l'aîné de Diderot ; il sait apparemment mieux que personne et ce qu'il doit à Mme d'Epinay et les raisons qu'il peut avoir de rester au logis. Mme d'Epinay, et c'est, je crois, la vérité, ne tient pas à ce qu'il l'accompagne ; elle ne lui en a parlé qu'en passant, provoquée par la question de Rousseau et parce qu'elle va dans son pays. Diderot, obséquieux pour le compte d'autrui, en a décidé autrement : il suffit, et il envoie à Rousseau sa feuille de route, et si Rousseau ne part pas sur-le-champ, eh bien ! c'est qu'il est un monstre d'ingratitude. Même s'il n'y avait pas eu entre les deux amis la brouille que l'on sait, une telle lettre, écrite d'un tel ton, était faite pour exaspérer Rousseau ; mais que Diderot ait pu l'écrire après ce qui venait de se passer entr'eux ; et, qu'ayant déjà fâché Rousseau par ses indiscrétions et ses interventions intempestives, que Diderot ait récidivé et si brutalement, cela prouve à la fois sa maladresse et son infatuation, et son entêtement à vouloir gouverner Rousseau, car il lui parle comme à un enfant ; bref, Diderot a la mémoire si courte, et, pour la seconde fois, la main si lourde qu'on ne peut pas dire de lui autre chose, sinon qu'il est positivement indécrottable.

A la lecture de cet impertinent billet, Rousseau eut, et qui ne l'excuserait ? « un tremblement de colère et un éblouissement », et naturellement, cédant à cette colère, il va se hâter de gâter ses affaires et de se donner tous les torts possibles. Mme d'Epinay, il l'a dit lui-même, ne lui avait pas d'abord paru tenir le moins du monde à ce qu'il l'accompagnât à Genève : maintenant il est convaincu du contraire, convaincu aussi que c'est Mme d'Epinay qui a inspiré le fatal billet de Diderot ; c'est par Diderot qu'elle lui a donné à entendre qu'elle désirait l'avoir pour compagnon de voyage. Mais il a bien vite deviné « ce ricochet », puisque maintenant il est averti, et par qui ? par Thérèse. Il serait sans doute resté bien heureux à l'Hermitage, où Mme d'Epinay l'eût retrouvé et embrassé au retour, et il aurait mis à profit les loisirs plus grands d'une complète solitude : mais tout cela allait devenir impossible parce que la plume de Diderot et la langue de Thérèse ne pouvaient pas rester tranquilles. C'est Thérèse, en effet, qui lui révèle « le secret » du voyage de Mme d'Epinay : et ce secret, elle le tient elle-même du maître d'hôtel, qui le tient de la femme de chambre, et l'on sait d'ailleurs que tous ces gens-là sont incapables de mentir et de potiner. Voilà donc sur quels commérages cette autre commère qu'est lui-même Jean-Jacques admet, sans hésiter, les suppositions les plus outrageantes pour Mme d'Epinay ! Quel est donc ce secret plein d'horreur, sur lequel Rousseau déclare qu'il aura la discrétion de se taire, mais qu'il nous livre bel et bien par les expressions dont-il se sert soi-disant pour voiler la vérité : pour ne pas comprendre, il faudrait le faire exprès. Tout le monde savait les relations de Grimm avec Mme d'Epinay : or qui ne devinerait ce que Rousseau appelle « le vrai motif » du voyage à Genève, quand d'abord on sait par Rousseau que ce motif caché, c'est la femme de chambre qui l'a révélé à Thérèse ; qu'ensuite si Mme d'Epinay veut emmener Rousseau dans cette visite à un médecin, c'est parce qu'elle a besoin d'un « chaperon », — et Rousseau déclare qu'il aurait fait là un beau personnage ; et qu'enfin Mme d'Epinay gagna beaucoup à son refus d'aller avec elle, car alors « elle vint à bout d'engager *son mari même* à l'accompagner ».

Que faut-il penser de la grave accusation lancée par Rousseau contre Mme d'Epinay ? Sur le fait même, dont Rousseau parle à mots couverts, il n'y a aucune preuve : MM. Perey et Maugras (1) ont fait soigneusement examiner les archives de l'état civil de Genève, à l'époque du voyage de Mme d'Epinay et, de même, les registres des décès : il n'y ont pas trouvé trace d'un enfant étranger : « or dans une ville comme Genève et sous la direction d'un médecin du caractère de Tronchin, la dissimulation d'un enfant était impossible. » *Impossible* est peut-être excessif et si l'on ne discute que sur la matérialité du fait, nous dirions plutôt, avec M. Eugène Ritter, que « tout est possible ». M. Ritter invoque ici le fait, attesté par George Sand (2), de la naissance clandestine d'un enfant que Mme d'Epinay avait eu de Francueil : et si, comme il est très vraisemblable, Rousseau a eu connaissance de ce fait (Francueil étant intime avec lui et très peu discret), il a pu alors raisonner par analogie — d'autant plus aisément qu'il pratiquait très bien lui-même, et à sa façon, l'art de se débarrasser des enfants gênants. Mais d'abord le récit même de George Sand nous montre que, pour accoucher clandestinement, si elle l'avait voulu, Mme d'Epinay n'avait pas besoin d'aller à Genève et ce récit ne prouverait rien de certain pour la question qui nous occupe.

On est donc réduit à des suppositions ; or elles se tournent toutes contre Rousseau. Car, tout d'abord, comment supposer que Mme d'Epinay, si elle avait à cacher son état, ait eu l'idée d'aller se montrer à Genève, où sa vie était publique, et à Ferney, où passait tout l'univers ? Et, en outre, elle aurait

(1) *Jeunesse de Mme d'Epinay*, Introd. p. XXIV.
(2) *Mémoires de ma vie*, chap. V, IVe partie.

donc, pour cette belle aventure, pris l'étonnante résolution d'emmener avec elle son fils, le précepteur de son fils, ce Linant, « une commère et un véritable espion », a-t-elle dit de lui dans ses *Mémoires*, et enfin son mari lui-même, qui eût été alors d'une complaisance à toute épreuve ! Mais il y a plus et il y a bien plus : Rousseau n'avait pas le droit de penser pareille chose sur le dire de Thérèse. Que Thérèse lui ait donné la chose comme sûre, cela ne fait pas de doute : il n'y a qu'à voir où était son intérêt. Si Rousseau partait pour Genève, où il avait naguère songé à s'établir, quand reviendrait-il et lui reviendrait-il jamais? Seulement l'accusation partie de Thérèse, Rousseau, même en y ajoutant foi, n'avait pas le droit de la reproduire dans ses *Confessions*, puisque c'était la faire savoir à la postérité. Mais je vais bien plus loin : et si j'insiste ici, c'est parce que le récit des *Confessions* a passé, plus ou moins atténué, dans bon nombre d'ouvrages sur Rousseau; j'affirme que cette aventure, telle que Rousseau la présente, ne pouvait pas être vraie et voici, à mon sens, en faveur de Mme d'Epinay le meilleur des arguments. J'admets à la lettre le récit de Rousseau : Mme d'Epinay a une faute à cacher et elle essaie d'embaucher Rousseau pour lui faire endosser cette faute. Eh bien ! alors Mme d'Epinay est la dernière des femmes et le terme le plus dur est le seul qui lui convienne : elle est, qu'on me pardonne la grossièreté du mot, mais il s'impose : elle est une franche coquine. Or ce mot, qui révolte, peut-il convenir à une telle femme? tout ce que nous savons d'elle proteste contre une telle injure : Rousseau donc est jugé et il a été un calomniateur, car il ne peut pas échapper à cette réfutation par l'absurde.

En vérité tout l'accable ici : car ce n'est pas seulement la probité indiscutable de Mme d'Epinay qui le réfute, mais c'est encore le simple bon sens de celle-ci et c'est le souci même de sa réputation. Sa liaison avec Grimm est connue de tous : elle part; et, avant de partir, elle a l'idée d'emmener Rousseau afin de le faire passer pour son amant : elle allait donc avoir, aux yeux du public, deux amants et la voilà prête à jouer les Messaline ! L'absurdité des accusations de Rousseau saute donc aux yeux ; la vérité est toute simple : Mme d'Epinay pensait que Rousseau aurait du plaisir à voyager dans sa société et à revoir sa ville natale. Mais en ceci elle se trompait ; car Rousseau, qui faisait le Caton à Paris et qui était « pauvre » avec ostentation, et un peu à la façon de Diogène, n'était pas du tout désireux (une lettre de lui à Saint-Lambert le prouve) de montrer, à la grande dame qu'était Mme d'Epinay, que « le citoyen de Genève » n'était chez lui qu'un bien petit personnage.

Quoi qu'il en soit, Rousseau, en possession du beau « secret » que l'on sait, est désormais sûr de lire dans le jeu de Diderot, qui a évidemment écrit sa malencontreuse lettre sous la dictée de Grimm et de Mme d'Épinay, tous deux également intéressés à le voir partir en chaperon ; il imagine en conséquence le coup de théâtre que voici : il répond, point par point, à la lettre de Diderot, sans oublier, bien entendu, de souligner tout ce qui concerne Mme d'Epinay, et, sa réponse faite, il se précipite à la Chevrette ; il y trouve à la fois Grimm et Mme d'Epinay : voilà justement son affaire et il leur jette au nez la lettre de Diderot et sa belle réponse à lui. Il leur lut les deux lettres, dit-il, « à haute et claire voix », entendez : d'une voix où perçait sa colère, puis, de peur que les deux lettres ne fussent pas assez explicites — et elles l'étaient au delà de ce que permettaient les plus simples convenances —, il ajouta, pour les commenter, « quelques discours qui ne démentirent point son intrépidité. »

L'effet fut tel qu'il l'avait espéré : Grimm et Mme d'Epinay furent, dit-il triomphalement, « attérrés et abasourdis » ; il y avait de quoi, car ils étaient certainement à cent lieues de se douter de la fantastique intrigue que leur révélaient si brutalement les insolentes insinuations de Rousseau. Mme d'Epinay raconte cette scène d'une façon un peu différente, mais qui ne change rien en somme, et c'est là l'essentiel, à l'étrange conduite de Rousseau à son égard. Suivant le récit des *Mémoires*, Rousseau, qui avait reçu la lettre de Diderot à la Chevrette, des mains de Mme d'Epinay, seule présente, aurait jeté la lettre à terre avec force exclamations contre la tyrannie de Diderot. Mme d'Epinay, ramassant alors la lettre de Diderot, y aurait lu les suppositions odieuses qui la visaient, en aurait demandé compte à Rousseau et, sur l'explication embarrassée de celui-ci, qui était, dit-elle, tombé à genoux, elle l'aurait chassé de son salon ; et c'est le lendemain seulement, au moment du départ de Mme d'Epinay, que Rousseau aurait chargé cette dernière de remettre à Diderot sa réponse, comptant bien que Mme d'Epinay la lirait, et l'y engageant même par ces mots : « Cette lettre contient tout ce qu'il me convient de dire. » Il aurait même ajouté : « Il me reste à vous prier de me laisser à l'Hermitage jusqu'à votre retour, ou, du moins, jusqu'au printemps. — Vous en êtes le maître, Monsieur, répondit-elle, tant que vous vous y trouverez bien. — Elle prit la lettre et monta en voiture. » Les récits ne s'accordent pas : lequel est le vrai ? Il a pu y avoir, ce qui permettrait de les concilier, plusieurs scènes au sujet de la fameuse lettre de Diderot et Mme d'Epinay a pu les confondre en une seule. En effet, il paraît certain, d'une part, que Rousseau a bien lu, comme il dit, à Grimm et à Mme d'Epinay, sa réponse à Diderot, car Diderot le lui reproche expressément ; et, d'autre part, il a pu, un peu plus tard, avoir, avec Mme d'Epinay, une explication orageuse, à la suite de laquelle il a demandé pardon à Mme d'Epinay; car celle-ci, dans une lettre datée de Genève, lui dit formellement : ce que vous venez de m'écrire « n'est pas d'un homme qui, la veille de mon départ, me jurait qu'il n'aurait pas assez de sa vie pour réparer les outrages qu'il m'avait faits. » (1).

Je ne crois pas enfin qu'il faille prendre à la lettre la fin du récit où Mme d'Epinay nous montre Rousseau suppliant celle-ci de le laisser à l'Hermitage jusqu'au printemps : cette supplication ne répond pas du tout à ce que nous savons du caractère de Rousseau. Mme d'Epinay, pensant à ce qui devait

(1) Voir, sur ce point, Eugène Ritter : *Zeitschrift*, p. 334.

se passer plus tard et au désir que laissera trop voir Rousseau de ne pas déménager à l'entrée de l'hiver, a brouillé les dates et mis dans la bouche même de Rousseau ce qu'elle ne devait que lire plus tard dans ses lettres et encore en termes moins humiliants.

Quoi qu'il en soit, Mme d'Epinay était partie mortellement blessée et l'on peut croire que Grimm ne s'était pas employé à adoucir sa blessure. Le jour du départ de Mme d'Epinay (le 24 octobre 1757), Mme d'Houdetot, qui venait faire ses adieux à la vallée, apportait à Rousseau la réponse de Saint-Lambert à une lettre que Rousseau lui avait écrite pour se plaindre du refroidissement de Mme d'Houdetot à son égard. Mais pour comprendre ces deux lettres et aussi ce qui va suivre, il nous faut revenir un peu en arrière, c'est-à-dire au moment où Saint-Lambert, averti, on s'en souvient, de ce qui s'était passé entre Rousseau et Mme d'Houdetot, était rentré à Paris et avait revu Mme d'Houdetot, puis Jean-Jacques lui-même. Ils se rencontrèrent tous les trois, d'abord à la Chevrette où, dit Mme d'Epinay, « Saint-Lambert et Mme d'Houdetot avaient l'air très soucieux, et Rousseau n'était pas gai », et cela se comprend de reste ; puis, à l'Hermitage, où Saint-Lambert alla galamment, avec Mme d'Houdetot, demander à dîner à l'ermite. « Il me traita, dit Rousseau, durement, mais amicalement. » Mme d'Houdetot n'était sans doute pas la moins gênée entre son amant et son trop passionné ami. Le mieux était, pour ne se point fâcher, de ne pas parler du passé, et de glisser, par exemple, vers la littérature. Probablement sur la proposition de Saint-Lambert, Rousseau lut sa lettre à Voltaire sur la Providence, dont « Saint-Lambert avait entendu parler ». Mais durant la lecture, Saint-Lambert s'endormit et il poussa même sa vengeance, car c'en était une et très cruelle pour Rousseau, jusqu'au ronflement. Rousseau n'osa pas s'interrompre et, nous dit-il, il continua de lire tandis que Saint-Lambert continuait de ronfler et, sans doute aussi, tandis que Mme d'Houdetot, qui était l'enjouement et la gaîté en personne, se tenait à quatre pour ne pas pouffer.

Mais ce n'est pas tout : à peine Saint-Lambert était-il reparti pour l'armée, Rousseau remarqua que Mme d'Houdetot était « fort changée à son égard ». Elle lui redemanda ses lettres et, quand Rousseau s'exécuta, elle vérifia devant lui si le paquet était bien complet, ce qui mortifia profondément Rousseau.

Ne pouvant supporter « ce refroidissement » de Mme d'Houdetot, et devinant sans peine à qui il devait l'imputer, il écrivit, pour s'en plaindre, à Saint-Lambert, et, en attendant sa réponse, il composa, pour la dédicace de la chapelle de la Chevrette, un mottet qui, paraît-il, fut superbe : « jamais musique plus étoffée n'était sortie de *ses* mains ». Le dépit et l'amour à la fois l'avaient inspiré : car s'il voulait prouver à ses détracteurs qu'il savait la musique — on en doutait donc encore après le *Devin du village ?* — il désirait aussi se faire honneur, auprès de Mme d'Houdetot, d'un genre de talent qu'elle estimait. Le mottet eut un très grand succès et Rousseau prit là, sous les yeux de Mme d'Houdetot, une éclatante revanche du sommeil, plus irrespectueux que spirituel, de Saint-Lambert.

Mais que venait-il donc d'écrire à ce dernier ? L'idée était tout à fait originale, non seulement d'oser se plaindre de la réserve de Mme d'Houdetot à son égard, mais d'aller s'en plaindre à Saint-Lambert, c'est-à-dire, à celui-là même qu'il avait mis, lui, Rousseau, dans la nécessité d'imposer cette réserve à son imprudente amie. Entre Rousseau et Mme d'Houdetot, nous savons tout ce qui s'est passé et nous devinons même sans trop de peine tout ce qui a failli se passer : ce n'est pas la faute à Rousseau, s'il n'est pas devenu l'amant de Mme d'Houdetot ; et si Saint-Lambert ne sait pas tout, du moins, expérimenté comme il est en cette matière, il a parfaitement compris où en voulait venir Rousseau ; d'autant plus que Mme d'Houdetot, qui est la franchise même, si elle ne lui a pas tout dit, ne lui a pas non plus tout caché. Voyons donc, à un homme ainsi averti, ce qu'à bien pu écrire Rousseau : « Pourquoi, s'écrie-t-il avec amertume, faut-il que vous m'ayez affligé l'un et l'autre? Laissez-moi promptement délivrer mon âme du poids de *vos* torts... Elle trouvait un ami sensible à ses peines, dites-moi d'où vient son refroidissement? auriez-vous pu craindre que je cherchasse à vous nuire auprès d'elle?... Non, non, Saint-Lambert, la poitrine de Rousseau n'enferma jamais le cœur d'un traître... Je ne veux pas vous ôter l'un à l'autre; je ne veux que prévenir l'infaillible terme de l'amour en vous unissant d'un *lien plus durable* dont vous puissiez *vous honorer* à la face des hommes » (1).

Cette lettre nous fait toucher du doigt la duplicité de Rousseau : dans ses *Confessions*, il se présente à nous tel qu'il fut réellement à cette époque, c'est-à-dire amoureux très fou et, ne l'oublions pas, très entreprenant; et même lorsque, Saint-Lambert étant de retour, il essaie de se justifier de ses torts envers lui, quels sont, toujours dans ses *Confessions*, les termes dont il se sert? « des trois, j'étais le seul coupable. » Il est vrai qu'il se hâte d'ajouter, pour montrer à quel point il était excusable : « était-ce moi qui avais recherché sa maîtresse? n'était-ce pas lui qui me l'avait envoyée? (ce qui est, d'ailleurs, exact). N'était-ce pas elle qui m'avait cherché? (et c'est vrai encore). A ma place Saint-Lambert en eût fait autant, peut-être pis (comment donc s'y serait-il pris)? car enfin, continue-t-il, quelque fidèle, quelqu'estimable que fût Mme d'Houdetot, elle était femme (la jolie insinuation!); il était absent (la belle excuse!), les occasions étaient fréquentes, les tentations étaient vives (même pour Mme d'Houdetot?) et il eût été bien difficile de se défendre toujours avec le même succès (elle eut donc à se défendre), contre un homme plus entreprenant ». Mais à moins de lui faire violence, que pouvait-il donc entreprendre de plus? il pouvait simplement se rendre un bon témoignage :

> Et si de réussir je n'emporte le prix,
> J'aurai du moins l'honneur de l'avoir entrepris.

(1) Lettre du 4 septembre 1757.

En définitive, il s'avoue coupable et nous savons très bien que s'il y eut, comme il s'en vante, « des limites qu'ils ne se permirent jamais de franchir », le respect de ces limites-là, il en faut faire honneur à la vertu seule de Mme d'Houdetot. Ainsi, et en résumé, dans ses *Confessions*, il est tout simplement un amant éconduit : or, on l'a vu, dans la lettre à Saint-Lambert, il n'est et n'a jamais été qu'un ami respectueux, aussi soucieux du repos de Mme d'Houdetot que de l'honneur de son ami. Et alors il ne s'explique pas d'où vient le « refroidissement » de Mme d'Houdetot. Saint-Lambert « aurait-il pu craindre que je ne cherchasse à lui nuire auprès d'elle ? » Il semble bien en effet, que Saint-Lambert, à moins d'être un Géronte, pouvait avoir cette crainte-là. Mais nous comprenons mal Rousseau : ce n'est pas Rousseau amoureux et galant que Saint-Lambert a pu craindre ; de celui-là il n'est pas du tout question dans sa lettre — puisqu'il n'a jamais existé ! — Ce qui a pu seulement alarmer Saint-Lambert, c'est « la vertu » de Rousseau, cette vertu qui avait noblement pris à tâche de purifier l'amour de Saint-Lambert et de Mme d'Houdetot ; car c'est précisément parce qu'il les aime, « qu'il ne leur laissera jamais, ainsi s'exprime-t-il, la sécurité de l'innocence dans leur état. » Et voilà à quoi sert l'amitié d'un homme vertueux !

Imagine-t-on Saint-Lambert, qui connaissait Rousseau, qui connaissait Thérèse, qui avait enfin reçu certaines confidences de Mme d'Houdetot sur les plus récentes manifestations de « la vertu » de Rousseau, l'imagine-t-on lisant cette capucinade effrontée ? Mais, d'autre part, comment expliquer que Rousseau ait la naïveté, ou l'impudence, de présenter, sous un jour aussi faux, des faits que Saint-Lambert doit connaître à peu près aussi bien que lui ? L'attitude même de Saint-Lambert, à la Chevrette et à l'Hermitage, ses conseils de prudence à Mme d'Houdetot, tout cela n'indique-t-il pas suffisamment à Rousseau que Saint-Lambert sait à quoi s'en tenir ? et si Mme d'Houdetot a par hasard montré à Saint-Lambert les lettres enflammées de Rousseau ? alors la réponse de Saint-Lambert devient bien simple : il n'a qu'à renvoyer à Rousseau une de ses propres lettres. Mais Rousseau est bien tranquille : d'abord, quand il écrit à Saint-Lambert, Mme d'Houdetot lui a déjà affirmé qu'elle a brûlé toutes ses lettres ; il sait, en outre, qu'une femme intelligente, et Mme d'Houdetot l'est beaucoup, ne dit pas tout à son mari — ou à celui qui en tient la place ; et enfin, au plus fort de sa passion, il n'a pas tout à fait perdu la tête : malgré la défense que lui en avait faite Mme d'Houdetot, il a continué à la tutoyer dans ses lettres et sait-on pourquoi ? « il avait exprès, dit-il, pris un ton qui mit ses lettres à l'abri des communications. » Il ne peut, à ce propos, se tenir d'ajouter : si ces lettres voient jamais le jour « on connaîtra comment j'ai aimé. » Il a donc aimé d'amour et son orgueil lui a joué ici le même tour que lorsqu'il l'a incité à nous faire connaître ce cri de Mme d'Houdetot qui fait tant d'honneur à son amoureuse éloquence : « non, jamais homme n'aima comme vous ! » Seulement si Saint-Lambert connaissait par hasard ce cri fameux, n'allait-il pas répondre à la lettre qu'il venait de recevoir de Rousseau : « non, jamais homme ne mentit comme vous ? »

Eh bien ! point du tout ; une nouvelle surprise nous attend et c'est la réponse de Saint-Lambert : « Elle (Mme d'Houdetot) vous a moins vu, parce qu'elle a voulu m'éviter des peines que vous n'auriez pas dû me faire, mais que vous ne m'aviez pas moins faites... Je crus, à mon dernier voyage, voir en elle quelque changement... Je vous avoue que je vous crus d'abord la cause de ce que je crus avoir perdu. Ne pensez pas, mon cher ami, que je vous crusse ni perfide, ni traître : je connaissais l'austérité de vos principes... Nous n'avons ni l'un ni l'autre cessé de vous estimer et de vous aimer... Regardez-moi et traitez-moi comme votre ami et soyez sûr que cette amitié fera un des plus grands charmes de ma vie (1). »

Qu'est-ce à dire ? Saint-Lambert serait-il dupe et aurait-il

(1) Streckeisen-Moultou, ibid. I, 416

la candeur de croire à la grandeur d'âme et à l'austérité dont Rousseau avait fait parade dans sa lettre ? Rien de tout cela : il répond à Rousseau en homme du monde et en homme d'esprit. Il a revu Mme d'Houdetot, et il est rassuré : c'était pour lui l'essentiel. Il dit à Rousseau ses griefs, très légitimes, mais cela rapidement, et il s'appesantit sur leurs bonnes relations, qui ne doivent pas s'altérer : rompre ouvertement, en effet, avec Rousseau — comme celui-ci n'eût pas manqué de le faire, à la place de Saint-Lambert, — c'était apprendre à tout Paris que Rousseau avait été son rival, c'était montrer aussi qu'il n'était pas sûr du cœur de sa maîtresse. Ne valait-il pas mieux, pour Mme d'Houdetot et pour lui, faire comme si rien ne s'était passé et affecter de croire à la pureté des intentions de Rousseau ? c'était le désarmer, l'empêcher de songer à une vengeance, toujours à craindre avec un tel caractère, et c'était enfin garder un ami qui leur faisait honneur à tous deux. Et je crois même que Saint-Lambert avait dû prendre, lors de sa récente entrevue avec Rousseau, cette attitude très sage, et que Rousseau, moins homme du monde et qui s'attendait à un éclat, se figura que, si Saint-Lambert ne lui faisait pas de scène, c'était parce que Mme d'Houdetot n'avait pas parlé. C'est même, je pense, dans cette persuasion où il était de l'ignorance de Saint-Lambert sur ses torts véritables qu'il s'était décidé à lui écrire sa vertueuse épître.

A la fin de sa lettre Saint-Lambert disait à Rousseau : « Je ne sais ce qu'il y a entre Grimm et vous ; mais je vous dois de vous dire qu'il m'a parlé de vous comme d'un homme qu'il respectait, mais dont l'injustice faisait son malheur. » Saint-Lambert répondait par là au mot « d'ingrat » que Rousseau dans sa lettre à Saint-Lambert, avait appliqué à Grimm, et ceci nous ramène à ce qui se passait en ce moment même à la Chevrette. Rousseau sentait très bien qu'ayant offensé gravement, et pour la seconde fois, Mme d'Epinay, il ne pouvait pas rester plus longtemps à l'Hermitage sans compromettre sa dignité de « citoyen » ou, plus simplement, sans faire douter de sa délicatesse d'honnête homme. Il dut être extrêmement perplexe : on était à l'entrée de l'hiver et un déménagement, dans cette saison, et aussi dans l'état de santé, toujours précaire, où il se trouvait, lui était naturellement fort pénible. Et d'ailleurs où aller ? il avait juré à tous ses amis qu'il ne reviendrait plus jamais à Paris, et il tenait, du reste, et pour toutes les raisons que j'ai dites, à sa vie champêtre, c'est-à-dire laborieuse. Malheureusement il n'y avait qu'un Hermitage et qu'une Mme d'Epinay ! Mme d'Houdetot, en lui faisant ses adieux, l'avait supplié, pour éviter les fâcheux commentaires sur leurs relations, de ne pas quitter en ce moment l'Hermitage. Rousseau nous explique à sa manière sa situation embarrassée : Mme d'Houdetot voulait qu'il restât à l'Hermitage et qu'il donnât ses raisons de n'avoir pas accompagné Mme d'Epinay : car ne dirait-on pas que, s'il n'était pas parti (sur ce que lui avait dit Rousseau, elle croyait qu'on avait voulu le faire partir), c'était pour ne pas s'éloigner de Mme d'Houdetot ? Mais s'il faisait ce que lui demandait Mme d'Houdetot, il outrageait, nous dit-il, Mme d'Epinay en révélant pour quelle cause il avait refusé de l'accompagner. « Tout bien considéré, je me trouvai dans la dure alternative de manquer à Mme d'Epinay, à Mme d'Houdetot, ou à moi, et je pris le dernier parti. Je le pris hautement, sans tergiverser, et avec une générosité digne de laver les fautes qui m'avaient conduit à cette extrémité. » Rousseau enfle la voix : méfions-nous et scrutons bien ce qui va venir : « Grimm était le seul qui n'eût pas pris parti dans cette affaire et ce fut à lui que je résolus de m'adresser. » Ainsi Grimm, qui était un « ingrat » dans la lettre à Saint-Lambert écrite un mois auparavant, Grimm qui était, et Rousseau le savait mieux que personne, le conseiller et le guide de Mme d'Epinay, Grimm enfin à qui on avait voulu le substituer, lui Rousseau, auprès de Mme d'Epinay, pour y faire, à sa place, le personnage que l'on sait, ce même Grimm était le seul qui n'eût pas pris parti dans cette affaire ! quelle bizarrerie ! et ce n'est pas d'ailleurs que je veuille prétendre le contraire ; car puisqu'il n'y avait au fond pas même eu d'affaire, si ce n'est dans l'imagination de Rousseau, il est bien certain que, pour ce qui était du départ de Rousseau, Grimm n'avait pas pu prendre parti.

Mais Rousseau ayant sur toute cette histoire, et sur Grimm en particulier, les idées que nous savons et qu'il nous a dites lui-même, il est tout à fait étrange que, dans les conjonctures où il se trouve, ce soit aux bons offices de Grimm qu'il ait recours. Sa lettre (du 19 octobre 1757) n'est pas moins surprenante et il faut qu'on nous permette d'en citer les passages les plus curieux : « Dites-moi, Grimm, pourquoi tous mes amis prétendent que je dois suivre Mme d'Epinay... Qu'est-ce qui peut m'y obliger? L'amitié, la reconnaissance, l'utilité qu'elle peut tirer de moi? examinons ces trois points... Quant aux bienfaits, premièrement je ne les aime point... Qu'a fait pour moi Mme d'Epinay? elle a fait bâtir, à mon occasion, une petite maison à l'Hermitage. Qu'ai-je fait de mon côté pour Mme d'Epinay ? dans le temps que j'étais prêt à me retirer dans ma patrie, que je le désirais vivement (on se rappelle ce qui en était), elle remua ciel et terre pour me retenir. A force de sollicitations, et même d'intrigues, elle vainquit ma trop juste résistance : mes vœux, mon goût, mon penchant, tout céda à la voix de l'amitié : je me laissai entraîner à l'Hermitage. (C'est Mme d'Epinay qui est son obligée). Dès ce moment, j'ai toujours senti que j'étais chez autrui. Mme d'Epinay, souvent seule à la campagne, souhaitait que je lui tinsse compagnie; c'est pour cela qu'elle m'avait retenu. Or cherchez combien d'argent vaut une heure de la vie et du temps d'un homme (il n'ose pas dire, mais il pense : d'un grand homme). Pour l'amitié, c'est un beau nom qui sert souvent de salaire à la servitude; mais où commence l'esclavage, l'amitié finit à l'instant... Pendant ce voyage, je laisserai ici un ménage qu'il faut entretenir... Si le voyage est long et que mes souliers s'usent, mes bas se percent; s'il faut blanchir son linge, faire sa barbe, accommoder sa perruque, il est triste d'être sans le sou ; et s'il faut que j'en demande à Mme d'Epinay, à mesure que j'en aurai besoin, mon parti est pris : qu'elle garde bien ses meubles (toujours le laquais qui reparait!); car, pour moi, je vous déclare que j'aime mieux être voleur que mendiant...» Au reste, à Genève, « mieux mis, j'y pourrai passer pour son valet de chambre... » La conclusion est inattendue : « Pesez mes raisons, mon ami, et dites-moi ce que je dois faire : je veux remplir mon devoir. Si vous jugez que je doive partir, prévenez Mme d'Epinay, puis envoyez-moi un exprès et soyez sûr que, sans balancer, je pars à l'instant. » (1)

Comment donc expliquer cette singulière épître ? le plus simplement du monde : cette lettre à Grimm, ce n'est pas pour Grimm que Rousseau l'a écrite, mais pour le public. Ce qu'il voudrait éviter, c'est d'être obligé de quitter sur le champ, comme il le devrait, cet Hermitage où il comptait bien passer l'hiver ; car c'est cette dernière considération qui l'y retient encore, bien plus que le désir d'être agréable à Mme d'Houdetot. Mais ce qu'il craint par dessus tout, c'est ceci : s'il part maintenant, c'est-à-dire tout de suite après l'affront nouveau qu'il vient de faire à Mme d'Epinay, on va dire, dans le monde, et on ne se trompera pas, qu'il est chassé ; et pourquoi chassé ? très exactement parce qu'il a entretenu chez Diderot contre Mme d'Epinay des soupçons injurieux et faux, dont il avait lui-même demandé pardon à Mme d'Epinay. Ainsi il était chassé parce qu'il avait mérité de l'être. Mais comme les choses se présenteraient tout autrement, et comme il serait en meilleure posture s'il était bien établi, dans le public, qu'il s'était brouillé avec Mme d'Epinay *uniquement* parce qu'on ne lui avait pas pardonné de n'avoir pas voulu, lui malade et pauvre, partir pour Genève et laisser derrière

(1) Pour Mme Macdonald (*J.-J. R. : a new criticisme*, T. 282) cette lettre « étant adressée à Grimm et pouvant circuler librement en public avec les commentaires de celui-ci, était un prodige, non d'ingratitude mais d'*imprudence*. » Mon opinion est, on va le voir, le contre-pied de celle de Mme Macdonald.

lui deux femmes qui, sans lui, allaient mourir de faim. Il avait donc fallu ou abandonner ces deux malheureuses ou renoncer à l'hospitalité de Mme d'Epinay : il avait préféré quitter l'Hermitage ! Et que les choses se fussent passées de la sorte, qui donc en pourrait douter ? On n'avait qu'à voir la lettre, pleine d'abandon, qu'il avait écrite à Grimm, et cette lettre tout le monde pourrait la lire, et on la lirait telle qu'il qu'il l'avait écrite, car il en avait le double (on l'a retrouvé dans sa correspondance).

Maintenant, que répondrait Grimm ? Rousseau l'avait laissé maître de son sort ; mais il savait très bien que Grimm ne lui répondrait pas : « il faut partir », puisque ni Mme d'Epinay, ni Grimm ne tenaient, il le savait, à ce qu'il se mît en route. Remarquez, du reste, que, dans l'hypothèse même de Rousseau, si Mme d'Epinay veut l'avoir avec elle, c'est qu'elle a besoin d'un chaperon. Or, quand il écrit à Grimm, Rousseau sait (il lui en parle dans sa lettre) que M. d'Epinay accompagne sa femme : dès lors, il n'a plus à craindre qu'on le prenne au mot quand il offre de partir, personne au monde, et pas plus Diderot qu'un autre, ne pouvant lui reprocher de ne pas faire escorte à une femme qui part au bras de son mari.

Que demandait-il, d'ailleurs ? qu'on le laissât à l'Hermitage seulement jusqu'au printemps « je crois devoir, disait-il encore à Grimm, ne pas quitter l'Hermitage d'un air de mécontentement qui supposerait de la brouillerie entre nous ;... il vaut mieux attendre au printemps, où mon départ sera plus naturel » ; et tout cela était n'est-ce pas ? dans l'intérêt de Mme d'Epinay, car il ne fallait pas qu'on crût qu'ils étaient brouillés pour cette misérable question du voyage à Genève ; il ne fallait pas, dans l'intérêt de Mme d'Epinay, qu'on sût à quelles tyranniqnes exigences Rousseau avait dû se soustraire. Après l'hiver il déménagerait bien tranquillement et sans « brouillerie ».

Ainsi Rousseau pourrait garder ses quartiers d'hiver à l'Hermitage après avoir forcé Grimm à lui en donner le conseil dans la réponse *qu'il lui dictait d'avance* et dont il se ferait, lui, une arme contre Diderot et contre les ennemis de son repos et de son honneur. Mais Grimm va-t-il tomber dans le piège ? Le 28 octobre, Rousseau n'a pas reçu sa réponse et il sait que Mme d'Epinay doit partir le lendemain 29. Une lettre qu'il écrit ce 28 octobre à Saint-Lambert témoigne de son « agitation ». Il ne peut se tenir de lui ouvrir son cœur, il cherche à s'en faire un allié contre « la ligue » de ses amis qui semblent vouloir « le livrer à la merci de Mme d'Epinay. » Il lui échappe de donner une de ses plus fortes raisons pour ne pas accompagner la voyageuse : ce qu'il craint, ce n'est pas du tout de passer pour son chaperon, puisque M. d'Epinay est du voyage, mais c'est de rentrer dans son pays, dans cette Genève qui l'a naguère acclamé et fêté comme un grand homme, d'y rentrer maintenant comme un protégé de Mme d'Épinay, il dit : comme « son valet ». Et par quelques sophismes qu'il s'efforce de justifier cette brutale expression (il part sans habits et sera forcé de tout recevoir d'elle), ce qui, en définitive, ressort de cette lettre à Saint-Lambert (laquelle ne fait, en certains points, que corroborer la lettre à Grimm), ce sont deux faits très importants, car ils pourraient bien convaincre Rousseau, l'un, d'inexactitude grave, l'autre, de mensonge.

Et tout d'abord la raison, je ne dis pas : la seule, mais à coup sûr la plus puissante, qui empêche Rousseau de partir, c'est qu'il craint de compromettre son prestige dans son pays : « Je ne veux pas m'aller étaler dans mon pays à la suite d'une fermière générale. » Il convient donc lui-même, dans cette lettre, que c'est là ce qu'il craint, et, selon moi, c'est ce qu'il craint par dessus tout. Or, dans ses *Confessions*, où il entre, au sujet de cette affaire, dans les plus insignifiants détails, dans ses *Confessions*, où il prétend nous donner « ses sentiments les plus secrets » ; (« jamais dévote ne déploya plus scrupuleusement à son confesseur tous les replis de son âme »), il ne dit pas un seul mot du motif principal (sentiment de dignité, diront les uns, sentiment de pure vanité, selon moi, mais peu importe), qui l'empêche de s'offrir comme compagnon de route à Mme d'Épinay. Je dis bien : de s'offrir, car voici, après cette inexactitude assez importante, le second fait qui résulte de sa lettre à Saint-Lambert. Il lui dit en propres termes : « Vous savez le prochain départ de Mme d'Epinay. Elle m'aproposé de l'accompagner sans me montrer là-dessus beaucoup d'empressement. Moi, *la voyant escortée de son mari,* du gouverneur de son fils..., je n'ai pas accepté le voyage et elle s'est contentée de mes raisons. Là-dessus (donc après) Diderot m'écrit un billet extravagant. »

Ainsi, d'après la lettre à Saint-Lambert (contemporaine des évènements), c'est au moment même où Mme d'Epinay annonce à Rousseau son voyage, c'est à ce moment que Rousseau apprend que M. d'Epinay part avec elle. Or dans les *Confessions,* c'est seulement après que Rousseau a refusé de « chaperonner » Mme d'Epinay, que M. d'Epinay, pour sauver à tout prix les apparences, se décide à accompagner sa femme. Il me paraît donc tout à fait probable que Rousseau, pour donner un air de vraisemblance à son odieuse supposition (le besoin d'un chaperon), a retardé, jusqu'après son refus, la décision de M. d'Epinay et si l'auteur de la lettre à Saint-Lambert a dit vrai, l'auteur des *Confessions* a menti.

Je ne crois pas qu'on puisse invoquer une inadvertance de Rousseau écrivant à Saint-Lambert. Il cite M. d'Epinay avant le précepteur ; il semble bien qu'il reproduise ici les paroles mêmes de Mme d'Epinay en réponse à sa question : avec qui partez-vous ? Il s'est avisé de modifier ces paroles dans les *Confessions* et l'on voit dans quel but ; mais on ne s'avise jamais de tout et sa lettre à Saint-Lambert l'a trahi : elle est une nouvelle preuve, et péremptoire, qu'on n'avait jamais eu besoin de lui pour le voyage de Genève.

Ce voyage venait d'être retardé par suite d'une indisposition du fils de Mme d'Epinay, et Grimm, ayant pensé que Mme d'Epinay « ne partirait pas de quelques jours », ne voulut pas différer plus longtemps sa réponse à Rousseau : mais il ne lui envoya qu'un très court billet pour lui faire prendre patience : en réalité, il attendait le départ de Mme d'Epinay, à la fois pour épargner, à son amie malade, de nouvelles tribulations et pour porter à Rousseau un coup décisif sans être désormais gêné par les scrupules de Mme d'Epinay et par ce reste de tendresse qu'elle gardait malgré tout à son ingrat ami.

Dans son billet, Grimm se garde bien de donner à Rousseau le conseil que celui-ci lui demande : qu'il s'adresse à Mme d'Epinay elle-même et lui fasse ses offres : elle les repoussera d'ailleurs, c'est certain, car pourquoi diable! Rousseau veut-il que Diderot soit « le porte-paroles » de Mme d'Epinay en cette affaire ? Rien de plus sensé et de plus habile aussi que ce billet de Grimm : Rousseau voudrait pouvoir dire à ses amis qu'il s'est offert : qu'il s'offre à celle qui a seule qualité pour accepter ou refuser son offre. Ce billet dit Rousseau, me « frappa d'étonnement » — de dépit plutôt, je crois, car sa ruse était déjouée. Si, à la question qui lui était posée, Grimm avait répondu par un oui ou par un non, Rousseau triomphait. Grimm disait-il qu'il devait partir ? Voyez leur tyrannie ! se serait écrié Rousseau. Grimm disait-il qu'il ne devait pas partir ? Voyez, se serait encore écrié Rousseau : Mme d'Epinay s'est fâchée de ce que je ne l'accompagnais pas et Grimm me donne raison! Et c'était toujours le voyage de Genève qui restait l'unique cause de leur brouille et de son départ probable de l'Hermitage et tout l'odieux en retombait sur Mme d'Epinay. Grimm n'ayant dit ni oui ni non, qu'allait maintenant faire Rousseau ?

S'il avait été sincère en demandant conseil à Grimm, il devait maintenant s'adresser à Mme d'Epinay et remettre son sort entre ses mains. Pourquoi dit-il alors dans ses *Confessions* : « Je ne donnai pas dans le piège de lui offrir de partir avec elle ? » où donc est le piège ? il n'y en a pas et il sait très bien qu'il n'y en a pas, puisque M. d'Epinay part avec sa femme ; Mme d'Epinay lui répondra qu'il peut tranquillement rester à l'Hermitage. C'est parce qu'il est sûr d'avance de cette réponse qu'il n'a garde de « s'offrir », car alors il ne pourrait plus dire que, s'il s'est brouillé avec Mme d'Epinay, c'est parce qu'il n'a pas consenti à l'accompagner. Le piège, ce n'est pas Grimm qui le tend à Rousseau, mais bien Rousseau qui le tend au lecteur, à qui il veut faire prendre le change, sur le vrai motif de ce que j'appellerai, moi, la légitime indignation de Mme d'Epinay contre ses odieux soupçons, et de ce qu'il appelle, lui, d'un tout autre mot : d'un mot qui n'est pas seulement un adroit euphémisme, mais une impudence calculée, puisqu'il intervertit les rôles tout simplement : « Je crois devoir à Mme d'Epinay de ne pas quitter l'Hermitage d'un air de *mécontement* qui supposerait de la brouillerie entre nous. » Ainsi c'est lui qui serait mécontent, ayant, sans doute, été l'offensé !

Conformément à sa tactique, il écrivit à Mme d'Epinay une lettre où, comme il nous en a prévenus, il se gardait bien de « s'offrir » : tout au contraire, et sans réfléchir un seul instant qu'il écrivait à une femme malade, installée sans doute au chevet de son fils, il lui disait tout ce qu'il fallait pour lui ôter l'envie, si elle l'avait jamais eue, de s'embarquer avec un tel malotru. Il a, lui dit-il galamment, pour « suspect son caractère, car insensiblement elle a cherché à la réduire en servitude et à l'employer selon ses vues secrètes... Quant au billet de Diderot, il est très certain qu'il ne vient pas de lui et il soupçonne une espèce de ligue dont elle est le mobile. » Au reste, elle l'aura toujours pour ami quand elle ne voudra plus l'avoir pour « esclave » et qu'elle renoncera, comme par exemple pour le voyage de Genève, à tous ces « détours » (l'édition de du Peyrou porte même : « à tous ces mensonges détournés »).

Grimm eut le bon esprit d'arrêter au passage cette grossière missive pour ne l'envoyer à Mme d'Epinay qu'après son arrivée à Genève. Mme d'Epinay partie, il fit enfin à Rousseau (le 7 ou 8 novembre) la réponse qu'il avait différée. Il rompait cette fois ouvertement avec lui. Rousseau lui renvoya sa lettre sans la lire, assure-t-il, jusqu'au bout, car « les termes en étaient tels que la plus infernale haine les peut dicter ». Les *Mémoires* nous donnent cette lettre : mais est-elle authentique ? Rousseau avait ses raisons pour n'en pas garder copie, car, authentique ou non, cette lettre des *Mémoires* n'a pas pu différer beaucoup, ni pour le ton ni pour le fond même, de ce que dut être l'original. Rousseau a dû y lire des phrases, telles que celle-ci, qui mettaient tout simplement la vérité à la place des vilains sophismes forgés par son ingratitude : « Vous osez me parler de votre esclavage, à moi qui depuis deux ans suis le témoin journalier de toutes les marques de l'amitié la plus tendre et la plus généreuse que vous avez reçues de cette femme ? »

La rupture avec Mme d'Epinay ne devait avoir lieu qu'une dizaine de jours après la rupture avec Grimm. Dans cet intervalle, Mme d'Houdetot, puis Diderot, puis Saint-Lambert lui-même (alors malade à Aix-la-Chapelle) interviennent pour calmer Rousseau et l'empêcher de s'enferrer de plus belle. Mme d'Houdetot se tue à lui répéter de ne plus écrire et de rester tranquille à l'Hermitage : elle craignait que le brusque départ de Rousseau ne fît un éclat qui rejaillirait sur elle. Saint-Lambert, de son côté, lui remontre que le moment serait mal choisi pour rompre avec Mme d'Epinay, c'est-à-dire avec une femme malade. Et Rousseau lui ayant écrit qu'il méprisait fort l'argent « qui n'est que de la boue » : à la bonne heure ! lui réplique Saint-Lambert ; « mais l'argent qui vient des autres est un métal précieux dont ils se sont privés pour nous ; et Mme d'Epinay n'est pas riche. » Cette lettre, datée du 21 novembre, ne parvint à Rousseau, par Mme d'Houdetot, que le 27. Dès le 12 novembre, Mme d'Epinay avait eu occasion de lui exprimer vertement ce qu'elle pensait de la lettre qu'il lui avait écrite avant son départ et que Grimm venait seulement de lui faire parvenir : « Vous me faites pitié ; si vous êtes de sang-froid, votre conduite m'effraye pour vous... Vous abusez de la patience que m'a donnée jusqu'à présent mon amitié pour vous. » Malgré cette mercuriale, Rousseau, cédant aux instances de Mme d'Houdetot qui le priait de ne pas déloger encore (et il n'y tenait guère, je crois, pour les raisons que j'ai dites), et comptant peut-être aussi sur un nouveau retour d'indulgence de Mme d'Epinay, lui écrivit un humiliant billet qui se terminait par ces mots : « J'ai voulu quitter l'Hermitage et je le devais ; mais on prétend qu'il faut que j'y reste jusqu'au printemps, et, puisque mes amis le veulent, j'y resterai, si vous y consentez. » La réponse ne se fit pas attendre ; c'était un congé en règle : « Puisque vous vouliez quitter l'Hermitage, et que vous le deviez, je suis étonnée que vos amis vous aient retenu. Pour moi, je ne consulte point les miens sur mes devoirs et je n'ai plus rien à vous dire sur les vôtres. » Huit jours après avoir reçu cette lettre, le 15 décembre 1757, Rousseau quittait l'Hermitage, où il était entré le 9 avril 1756. On sait qu'il s'établit à Mont-Louis ; mais les démêlés que nous venons de raconter allaient avoir pour Rousseau des conséquences immédiates qu'il nous reste à exposer.

VIII

De ses trois amis, Grimm, Mme d'Epinay et Diderot, Rousseau avait perdu les deux premiers : tout lui commandait de s'attacher plus fortement que jamais au troisième, Diderot, qui ne demandait qu'à lui garder son amitié : « Il est certain, lui écrivait alors Diderot, qu'il ne vous reste plus d'amis que moi, mais il certain que je vous reste. Je l'ai dit sans déguisement à tous ceux qui ont voulu l'entendre et voici ma comparaison : C'est une maîtresse dont je connais bien les torts, mais dont mon cœur ne peut se détacher. » Rousseau va bien vite lui montrer comme il s'entend à « détacher » de lui les cœurs qui voudraient lui rester fidèles.

Il venait d'écrire à Mme d'Epinay cette lettre du 23 novembre où, tout en lui déclarant que « l'amitié était éteinte » entre eux, il lui demandait la permission de passer encore l'hiver à l'Hermitage. C'est « quelques jours après », nous dit Rousseau, qu'il reçut la visite de Diderot. Cette visite est racontée très différemment dans les *Mémoires* et dans les *Confessions*. Le récit des Mémoires est, à coup sûr, arrangé :

les erreurs de fait s'y rencontrent à côté des erreurs de date. Le récit des Confessions mérite-t-il plus de confiance ? Il ne s'accorde guère avec la lettre de Diderot écrite à Grimm, le soir même, semble-t-il, de cette visite. Enfin cette lettre elle-même est-elle authentique ? Je le crois : car, d'une part, Grimm en envoie, dit-il, une copie à Mme d'Epinay (et Mme d'Epinay a vraisemblablement transcrit cette copie dans ses Mémoires) ; et, d'autre part, elle est telle qu'un Diderot seul pouvait l'écrire ; c'est une belle pièce d'éloquence : on croit voir les grands gestes et entendre la voix tonnante de Diderot. Voici cette lettre : « Cet homme est un forcené. Je lui ai reproché, avec toute la force que donnent l'honnêteté et une sorte d'intérêt qui reste au fond du cœur d'un ami qui lui est dévoué depuis longtemps, l'énormité de sa conduite ; les pleurs versés aux pieds de Mme d'Epinay, dans le moment même où il la chargeait, près de moi, des accusations les plus graves ; cette odieuse apologie qu'il vous a envoyée et où il n'y a pas une seule des raisons qu'il y avait à dire ; cette lettre projetée pour Saint-Lambert qui devait le tranquilliser sur des sentiments qu'il se reprochait, et où, loin d'avouer une passion née dans son cœur malgré lui, il s'excuse d'avoir alarmé Mme d'Houdetot sur la sienne. Que sais-je encore ? je ne suis point content de ses réponses : je n'ai pas eu le courage de le lui témoigner, j'ai mieux aimé lui laisser la misérable consolation de croire qu'il m'a trompé. Qu'il vive ! il a mis dans sa défense un emportement froid qui m'a affligé. J'ai peur qu'il ne soit endurci.

Adieu, mon ami ; soyons et continuons d'être honnêtes gens : l'état de ceux qui ont cessé de l'être me fait peur. Adieu, mon ami, je vous embrasse bien tendrement ; je me jette dans vos bras comme un homme effrayé ; je tâche en vain de faire de la poésie, mais cet homme me revient tout à travers mon travail, il me trouble et je suis comme si j'avais à côté de moi un damné ; il est damné, cela est sûr, adieu mon ami... Oh ! mon ami, quel spectacle que celui d'un homme méchant et bourrelé ! Brûlez, déchirez ce papier... ;

que je ne revoie plus cet homme-là ; il me ferait croire aux diables et à l'enfer. Si jamais je suis forcé de retourner chez lui, je suis sûr que je frémirai tout le long du chemin ; j'avais la fièvre en revenant. Je suis fâché de ne pas lui avoir laissé voir l'horreur qu'il m'inspirait et je ne me réconcilie avec moi qu'en pensant que vous, avec toute votre fermeté, vous ne l'auriez pas pu à ma place : je ne sais pas s'il ne m'aurait pas tué. On entendait ses cris jusqu'au bout du jardin ; et je le voyais !... En vérité, la main me tremble. »

Ce qu'il y a de plus curieux dans cette lettre, ce n'est pas l'emphase théâtrale qui est comme la signature même de l'auteur : mais c'est la preuve certaine que Diderot nous donne, sans y songer, du rôle prépondérant qu'a dû jouer Grimm dans toutes ces histoires. Diderot a raconté lui-même à Marmontel sa visite à Rousseau : « alors (aurait-il dit à Marmontel) Rousseau fut plus éloquent et plus touchant dans sa douleur qu'il ne l'a été de sa vie. Pénétré de l'état où je le voyais, mes yeux se remplirent de larmes ; en me voyant pleurer, lui-même il s'attendrit et il me reçut dans ses bras. » Diderot, en effet, le bon Diderot, en face de son ami qui lui a ouvert ses bras, a pu le gronder; mais il s'est, à coup sûr, attendri avec lui et après s'être réconcilié avec Rousseau (puisque même dans sa lettre à Grimm il prévoit qu'il retournera chez lui), il a honte, en pensant à Grimm, de sa faiblesse d'âme et, chemin faisant, l'idée de sa prochaine entrevue avec Grimm lui redonnant du cœur, il s'exalte, fait dans sa tête le discours qu'il aurait dû tenir à Rousseau; et enfin, rentré chez lui, il écrit cette lettre, où il se reproche de n'avoir pas parlé avec assez de fermeté, mais où, en même temps, par peur de Grimm, il fait Rousseau noir comme « un diable ».

En somme, et malgré l'ascendant de Grimm sur Diderot, il était facile à Rousseau, s'il avait su s'y prendre, ou plutôt s'il l'avait sérieusement désiré, de garder le cœur de son plus vieil ami. Les torts de Diderot étaient après tout pardonnables, et ils témoignaient d'ailleurs de son amitié sincère, encore que maladroite, pour Rousseau : « Eh bien ! avait-il écrit à Rousseau, quand je me mêlerais encore de vos affaires, sans les connaître assez, qu'est-ce que cela signifierait? Rien. Ne suis-je pas votre ami et n'ai-je pas le droit de vous dire tout ce qui me vient en pensée?. » Et, revenant sur ce fameux voyage de Genève, il lui dit ce qui aurait dû détromper Rousseau et l'empêcher de reproduire, dans ses Confessions, ses outrageantes suppositions sur le complot tramé contre lui : « Une bonne fois pour toutes, mon ami, que je vous parle à cœur ouvert : vous avez supposé un complot entre tous vos amis pour vous envoyer à Genève, et la supposition est fausse. Chacun a parlé de ce voyage selon sa façon de penser et de voir. Vous avez cru que j'avais pris sur moi le soin de vous instruire de leurs sentiments et *cela n'est pas.* » Mais cela était — pour Rousseau, malgré la parole de son ami, et cela était uniquement parce qu'il fallait que cela fût pour l'innocenter à ses yeux, et aux yeux de la postérité, en vue de laquelle il écrivait ses Confessions.

Après cette visite de Diderot à Rousseau, l'intimité s'était relâchée entre eux; on ne s'était pas brouillé pourtant, car le 2 mars 1758, Rousseau envoyait à Diderot une apologie de sa conduite, apologie emphatique et vague d'ailleurs ; et, sans doute, il s'y défend bien d'être « un méchant », ce qui prouve un certain refroidissement dans leurs relations ; mais Diderot est encore, à cette date, « mon cher Diderot. » Quelle dut être, par conséquent, la stupéfaction de celui-ci, quand, deux mois après, en mai 1758, il lut en tête de la *Lettre à d'Alembert sur les Spectacles*, ces mots de la Préface qui, sans le nommer, le désignaient à tous les lecteurs : « J'avais un Aristarque, sincère et judicieux; je ne l'ai plus, je n'en veux plus ; mais je le regretterai sans cesse et il manquera bien plus encore à mon cœur qu'à mes écrits. » Et, rendant publique l'accusation qu'il portait contre son ami, Rousseau donnait en note, sous la forme d'un passage latin de l'*Ecclésiastique*, le motif de sa rupture avec Diderot. Cette note, traduite par Marmontel, disait ceci : « Si vous avez tiré l'épée contre votre ami, n'en désespérez pas: car il y a moyen de revenir. Si vous l'avez attristé par vos paroles, ne craignez rien, il est possible encore de vous réconcilier avec lui. Mais pour l'outrage, le soupçon injurieux, la *révélation du secret* et la plaie faite à son cœur *en trahison*, point de grâce à ses yeux : il s'éloignera sans retour. »

Que s'était-il passé qui justifiât une si éclatante et si brutale rupture? Le 6 mai 1758 Rousseau reçut de Mme d'Houdetot une lettre qui le désola : « J'ai à me plaindre, lui écrivait Mme d'Houdetot, de votre indiscrétion et de celle de vos amis. Je vous aurais gardé toute ma vie le secret de votre malheureuse passion et je la cachais à ce que j'aime pour ne pas lui donner de l'éloignement pour vous. Vous en avez parlé à des gens qui l'ont rendue publique et qui ont fait voir contre moi des vraisemblances qui pouvaient nuire à ma réputation. Ces bruits sont parvenus depuis quelque temps à mon amant, qui a été affligé que je lui eusse fait mystère d'une passion que je n'ai jamais flattée et que je lui taisais dans l'espérance que vous deviendriez raisonnable et que vous pourriez être mon ami. J'ai vu en lui un changement qui a pensé me coûter la vie. La justice qu'il me rend enfin sur l'honnêteté de mon âme et son retour à moi m'ont rendu le repos ; mais je ne veux pas risquer de le troubler davantage et je me dois à moi-même de ne pas m'y exposer. Je dois à ma réputation de rompre tout commerce avec vous. » Que Mme d'Houdetot n'ait pas révélé à Saint-Lambert, au moins dans toute sa violence, la passion de Rousseau, il n'en faut pas douter, puisqu'elle l'affirme : mais cela ne veut pas dire que Saint-Lambert n'en fût pas du tout instruit : son attitude envers Rousseau lors de son récent voyage à Paris, même sa lettre amicale à Rousseau avec le reproche très net du début, ce qu'il avait pu entendre dire à Paris ou à la Chevrette indépendamment de ce qu'il avait pu lire dans la fameuse dénonciation anonyme, tout démontre que Saint-Lambert, à moins d'être — et il en était à cent lieues — profondément naïf, était très suffisamment renseigné dès ce premier voyage à Paris. Qu'était-il donc arrivé depuis qui vint le troubler si fort? Précisément ce qu'il avait voulu empêcher dans cette lettre à Rousseau, où il affectait de croire à l'austérité de celui-ci : un éclat, une divulgation publique. Que dit, en effet, Mme d'Houdetot? « *ces bruits* sont parvenus à mon amant. » Homme de société et d'une correction qui n'allait même pas sans quelque roideur, ce que Saint-Lambert devait redouter par dessus tout, c'était le scandale. Et la preuve en est que, même dans cette lettre de rupture, qu'il a dictée évidemment à sa maîtresse, il lui fait dire « qu'il plaint Rousseau de sa faiblesse plus qu'il ne la lui reproche et que l'un et l'autre (Mme d'Houdetot et lui), ils sont fort éloignés de s'unir aux gens qui veulent le noircir: *ils* parleront toujours de lui avec estime. » Seulement, pour couper court aux bruits qui circulent, il exige que Mme d'Houdetot cesse de le voir.

Mais qui donc, parmi les amis de Rousseau, avait trahi son secret? Dès qu'il s'agit de trahison, Rousseau n'hésite jamais à nommer le coupable : ici il va droit à son meilleur ami et, à peine a-t-il achevé de lire la lettre de Mme d'Houdetot que, saisi d'indignation, il s'écrie : « Et toi aussi, Diderot, indigne ami ! » Pourtant, nous assure-t-il, il voulut douter : mais cela lui devint impossible après deux visites de Saint-Lambert à Mont-Louis. Que lui apprit donc Saint-Lambert sur « l'indigne ami? » La première fois, Saint-Lambert avait, nous dit-il, « peu de temps à lui donner »; cette visite ne compte donc pas, et, à mon avis, la seconde visite compte encore moins (quoique ce fût la visite révélatrice), parce que cette fois-là Saint-Lambert ne rencontra que Thérèse et que le roman, quel qu'il soit, que Thérèse débita ensuite à Rousseau, ne peut, étant de Thérèse, rien prouver contre Diderot. Ainsi, parmi les jolies choses que Thérèse fait dire à Saint-Lambert, nous trouvons cette petite infâmie que Saint-Lambert était convaincu, comme d'ailleurs tout Paris, que Rousseau avait été l'amant de Mme d'Epinay; ce qui permet à Rousseau d'écrire, d'un ton dégagé, sur celle qui a été son amie et sa bienfaitrice, cette phrase qui est tout simplement abominable, d'abord parce qu'il n'a aucune preuve de ce qu'il dit et parce qu'ensuite, même s'il en avait eu la preuve, il n'avait pas le droit de le dire dans un livre écrit pour la postérité : « Saint-Lambert, *au grand déplaisir de la dame*, était dans le même cas que moi » (n'avait, pas plus que moi, été son amant; mais il l'avait échappé belle!)

Rien de tout cela n'autorisait Rousseau à dénoncer Diderot comme l'auteur des « bruits » qui avaient si fort alarmé Mme d'Houdetot et Saint-Lambert. Ces bruits-là, mais ils couraient les salons, et cela, depuis le jour où Rousseau et Mme d'Houdetot avaient mis si peu de mystère dans leurs fréquents rendez-vous. Le baron d'Holbach, chez Mme d'Epinay, n'avait-il pas persiflé Rousseau devant tout le monde, et Deleyre ne le plaisantait-il pas, de Paris, sur sa « passion bocagère? ». Pourquoi donc accuser le seul Diderot d'avoir trahi un secret qui, semble-t il, n'en était plus un pour personne? Mais, dit-on, Diderot a reconnu lui-même son indiscrétion : il est vrai, seulement elle n'avait pas du tout la portée qu'affecte de lui donner Rousseau, lequel du reste ne cite rien de précis contre Diderot. D'après les *Mémoires* et d'après les *Tablettes* de Diderot, retrouvées par M. Tourneux (et reproduites dans la *Jeunesse de Mme d'Epinay*, de MM. Perey et Maugras, p. 537), Rousseau aurait un jour avoué à Diderot sa passion pour Mme d'Houdetot ; Diderot lui aurait alors conseillé de renoncer à voir Mme d'Houdetot et de tranquilliser par une lettre Saint-Lambert et Rousseau lui aurait promis d'écrire cette lettre. Revoyant plus tard Saint-Lambert et croyant que Rousseau lui avait écrit, ainsi qu'il l'avait promis, « je lui parlai, dit Diderot, de cette aventure comme d'une chose qu'il devait savoir mieux que moi. Point du tout, c'est qu'il ne savait les choses qu'à moitié et que, par la fausseté de Rousseau, je tombai dans une indiscrétion. » Sur quoi l'on peut remarquer que, si Saint-Lambert savait déjà les choses « à moitié », il les savait donc très suffisamment, à un bon entendeur tel que lui en pareille matière demi-mot devant largement suffire — et d'ailleurs, ne faisait-il pas semblant de ne les savoir qu'à moitié? — et, en outre, qu'il n'y avait qu'un Diderot au monde pour aller, de but en blanc, entretenir l'amant avéré de Mme d'Houdetot de la passion d'un tiers pour cette même Mme d'Houdetot. Mais il y avait là surtout, de la part de Diderot, manque de tact et étrange bévue : c'était, il est vrai, une grosse maladresse, ce n'était pas une « trahison. » Exubérant et bavard, jamais chez lui, toujours chez les autres, au propre comme au figuré, Diderot était le dernier homme du monde à qui Rousseau, qui le connaissait depuis si longtemps, aurait dû confier un secret intéressant d'autres personnes que lui. Rien en tous cas ne l'autorisait à dénoncer au monde entier, sous la forme d'un anathème imprimé, la grande trahison de celui qui aurait commis les forfaits énumérés dans le terrible verset de l'*Ecclésiastique :* « Excepto convicio et improperio et superbiâ et mysterii revelatione. » Ah! comme Diderot, qui s'entendait pour le moins aussi bien que Rousseau à déclamer, aurait pu lui faire rentrer dans la gorge tout son latin d'église, en lui rappelant qu'on ne sacrifie pas, avec une pareille désinvolture, le meilleur de ses amis ; qu'on ne punit pas ainsi, par une flétrissure publique, quelques mots malheureux échappés dans un entretien tout privé ; et qu'enfin, pour peu qu'on ait du cœur, on doit toujours, dans l'ancien ami, respecter les droits de l'amitié! Mais les seuls droits sacrés pour Rousseau étant ceux de son *repos* et de sa *gloire,* il n'avait pas un seul instant hésité à jeter par dessus bord l'ami qui avait troublé son repos et le conseiller littéraire dont il désirait plus que jamais s'affranchir, maintenant qu'il avait mis sa gloire à rabattre l'orgueil de ces prétendus philosophes dont Diderot était le chef. Cette impatience de marcher enfin seul, est-ce qu'elle ne se trahit pas dans ce mot de sa Préface qui est comme un cri de soulagement : « J'avais un Aristarque, je n'en ai plus : *je n'en veux plus !* »

Ayant appris au monde que son ami Diderot était quelque chose comme un drôle, Rousseau s'applaudit de sa mâle franchise : au cours de sa *Lettre sur les Spectacles,* où se retrouve comme on sait, l'écho de ses récents démêlés et où il parle au public par la bouche de ce misanthrope idéal qu'il oppose par endroits au misanthrope de Molière, il prête à son héros ces nobles sentiments qu'il croit être les siens, comme il vient, parait-il, de le montrer en rompant avec Diderot : « la basse et secrète médisance est indigne de lui,... et, quand il dit du mal de quelqu'un, il commence par le lui dire en face. » Et ailleurs, pensant aux prétendues avanies qu'on vient de lui faire, Alceste-Rousseau en parle avec une fière résignation : « S'il n'avait pas prévu le mal que lui fera sa franchise, elle serait une étourderie et non pas une vertu... Qu'une femme fausse le trahisse (ceci est pour Mme d'Epinay), que d'indignes amis le déshonorent (et ceci est pour Grimm), que de faibles amis l'abandonnent (et voilà pour Diderot, car c'est, parait-il, Diderot qui l'a abandonné), il doit souffrir sans murmurer : il connaît les hommes. »

Oui certes, Rousseau connaît les hommes : il sait qu'on n'a qu'à se plaindre d'eux amèrement pour se faire écouter du public et c'est là — sans parler, bien entendu, de son prestigieux talent —, ce qui explique l'extraordinaire faveur qu'ont trouvée auprès de la postérité ses plaintes éloquentes et mensongères ; il pouvait compter d'avance sur la *complicité* de tant de lecteurs qui croient avoir, eux aussi, des raisons d'en vouloir à l'humanité ; et de même qu'ici, dans sa *Lettre sur les Spectacles,* il exprime, sans nommer personne et sous prétexte de peindre son misanthrope idéal, tous ses griefs et toutes ses rancunes *personnelles*, de même, que de lecteurs, en suivant le récit des *Confessions*, s'attendrissent inconsciemment sur leur propre sort, sur les injustices qu'on leur a faites, sur les mauvais procédés de tant d'ingrats amis, qui, ont été justement pour eux ce que Grimm et Diderot et tant d'autres furent jadis pour ce pauvre Rousseau !

La rupture avec Diderot devait être définitive : il y eut une tentative de rapprochement et l'initiative en vint naturellement de l'offensé. Sept ans après la note outrageante de la *Lettre sur les Spectacles,* d'Escherny écrivait à Rousseau :

« Je mets les choses au pis : pouvez-vous refuser l'oubli du passé et le désaveu de cette note funeste à un ami de vingt années, que vous avez blessé mortellement, et qui vous en prie en vous demandant grâce ? » (1) Rousseau répondit : « Je sais respecter les droits de l'amitié, même éteinte, mais je ne la rallume jamais, c'est ma plus inviolable maxime. » (Motiers, 6 avril 1765). En d'autres termes : je ne pardonne jamais les outrages que je fais à mes amis.

Les choses en seraient restées là, et Diderot, dans cette mesquine et vilaine querelle, aurait gardé le beau rôle auprès de la postérité, si Rousseau ne s'était pas avisé en 1770 de lire en public ses *Confessions*, et plus particulièrement les passages où il raconte son séjour à l'Hermitage. Diderot et ses amis étaient naturellement pris à partie dans ces fragments et Diderot, quoi qu'il en ait dit (2), ne pouvait savoir jusqu'à quel point l'avait épargné le ressentiment de Jean-Jacques. En 1778, il publia son indigeste *Essai sur les règnes de Claude et de Néron*, où, dans une note, il attaquait Rousseau à mots couverts. Critiqué pour cette note, il l'expliqua et l'aggrava dans la deuxième édition de son ouvrage en 1784 : c'est un réquisitoire passionné et très peu généreux, puisque Rousseau n'était plus là pour se défendre. Diderot l'y traite de « scélérat artificieux et pervers » et il rabaisse jalousement ses mérites d'écrivain : ainsi tous les ouvrages de Rousseau ne valent pas un simple Eloge de Thomas, de celui-là même qui, au dire de Voltaire, avait inventé le gali-thomas ! Au reste Diderot ici ne manque pas seulement de générosité et de mesure, il manque même de mémoire, puisqu'il écrit : « tout mon ressentiment s'est réduit à repousser les avances réitérées qu'il a faites pour se rapprocher de moi. » Or, c'est exactement le contraire qui était la vérité, on n'a qu'à lire, sur ce point, une seconde lettre de d'Escherny à Rousseau qui commence ainsi : « Je ne me

(1) Streckeisen-Moultou, I, 280.
(2) Diderot : *Œuvres*, édit. Assézat, III, 93.

suis point hâté d'apprendre à M. Diderot la réponse que vous avez faite aux propositions de paix que je vous ai portées de sa part. »

Tels sont les faits de ce long et déplaisant procès : Rousseau s'y montra égoïste, insulteur et fou ; mais Diderot fut-il beaucoup plus sage ? « O philosophes dignes des étrivières (écrivait un jour Saint-Lambert à Rousseau), je vous honore et vous aime tous et suis fort aise de vous trouver des hommes. » Moins d'un an après cette lettre, il avait définitivement cessé d'aimer et d'honorer un de ces philosophes, et voici justement le coup d'étrivière qu'il assénait à l'auteur de la *Lettre sur les Spectacles*. Rousseau venait de lui envoyer son ouvrage et Saint-Lambert lui répond : « En vérité, Monsieur, je ne puis accepter le présent que vous me faites. A l'endroit de votre préface où, à l'occasion de Diderot, vous citez un passage de l'Ecclesiaste (de l'Ecclésiastique), le livre m'est tombé des mains. Après les conversations de cet été, vous m'avez paru convaincu que Diderot était innocent des prétendues indiscrétions que vous lui imputiez. Il peut avoir des torts avec vous, je l'ignore, mais je sais bien qu'ils ne vous donnent pas le droit de lui faire une insulte publique. Vous n'ignorez pas les persécutions qu'il essuie (au sujet de l'*Encyclopédie*) et vous allez mêler la voix d'un ancien ami aux cris de l'envie. Je ne puis vous dissimuler, Monsieur, combien cette atrocité me révolte. Je ne vis point avec Diderot, mais je l'honore et je sens vivement le chagrin que vous donnez à un homme à qui, du moins vis-à-vis de moi, vous n'avez jamais reproché qu'un peu de faiblesse. Monsieur, nous différons trop de principes pour nous convenir jamais. Oubliez mon existence, cela ne doit pas être difficile... Je vous promets, moi, Monsieur, d'oublier votre personne et de ne me souvenir que de vos talents. »

C'était un autre ami qui se détachait de Jean-Jacques et il faut toute la naïve partialité des fanatiques de Rousseau pour soutenir, comme fait l'un d'eux, que « Rousseau répondit à Saint-Lambert par une lettre qui était une rupture (il paraît que la lettre de Saint-Lambert n'en était pas une), et à laquelle Saint-Lambert ne s'attendait pas (!); car, ajoute-t-on, moins de quinze jours après, il pria M. d'Epinay de lui ménager une entrevue avec Rousseau » (1).

Il est très vrai que M. d'Epinay, devant aller à la Chevrette, y invita Jean-Jacques à dîner en compagnie de M. et Mme Dupin et il ajoutait : « Je compte que MM. de Saint-Lambert, Francueil et Mme d'Houdetot seront de la partie ; vous me feriez un vrai plaisir, Monsieur, si vous vouliez être des nôtres. Toutes les personnes que j'aurai chez moi vous désirent et seront charmées de partager avec moi le plaisir de passer avec vous une partie de la journée. » Pour peu qu'on ait l'usage du monde, il n'y a rien de plus, dans ces derniers mots, qu'une formule de politesse ; tout au plus, une aimable insistance pour rassurer le farouche ermite sur la société qu'il trouvera à la Chevrette. La Lettre sur les spectacles avait eu un très grand succès; Rousseau en avait envoyé un exemplaire à M. d'Epinay et celui-ci, qui était d'ailleurs resté étranger à tous les démêlés de Rousseau avec Mme d'Epinay, aussi bien qu'avec Saint-Lambert et Mme d'Houdetot, le remercie de son envoi par une invitation à dîner, au sujet de laquelle il ne s'est vraisemblablement pas concerté avec « tous » ses convives pour savoir si on devait aussi inviter Rousseau. Mais Rousseau en fait une affaire; il y voit la preuve que sa réponse à Saint-Lambert (qu'on trouvera dans les *Confessions*, à la suite de la lettre de celui-ci), « a fait rentrer Saint-Lambert en lui-même et qu'il regrette ce qu'il a fait. »

Son arrivée d'ailleurs fit sensation, c'est lui qui l'affirme : « Je n'ai jamais reçu d'accueil plus caressant. » Et, pour que nul n'en doute, il ajoute, avec une très grande habileté : « il n'y a que les cœurs français qui connaissent ces sortes de délicatesse. » Il ignorait donc encore, ce Genevois, que les Français n'invitent pas les gens pour leur faire la

(1) Streckeisen-Moultou, dans une note de *J.-J. Rousseau, ses amis et ses ennemis*, I, 423.

mine ! Mais surtout les procédés de Saint-Lambert le ravirent ; il causa avec lui, « de choses indifférentes, il est vrai, mais avec familiarité ». Et ainsi il put constater que « les sentiments de Mme d'Houdetot et de Saint-Lambert étaient moins changés qu'il ne l'avait cru », et, ce qui ne flatta pas peu sa vanité, il crut remarquer qu'il y avait plus de « jalousie », dans le cœur de Saint-Lambert, que de « mésestime. » Sa mésestime, Saint-Lambert trouvait sans doute qu'il la lui avait assez marquée dans sa récente lettre et c'est même cette mésestime à laquelle ils en étaient progressivement venus à l'égard de Rousseau qui avait décidé non seulement Saint-Lambert, mais encore Mme d'Houdetot à rompre avec Rousseau dont la conduite équivoque avait fini par les excéder.

Par exemple, dans la dernière visite qu'il avait faite à Eaubonne à Mme d'Houdetot, Rousseau prétend qu'il lui « détailla tout ce qui s'était passé » au sujet du voyage de Genève, et cela n'est pas vrai. Il lui laissa ignorer des faits importants que Mme d'Houdetot avait besoin de connaître, puisqu'il la consultait sur le parti à prendre, et ces choses — telles que la juste colère de Mme d'Epinay à la suite des lâches insinuations de Rousseau à Diderot, et la lettre insolente qu'il avait écrite à Mme d'Epinay après son départ — tout cela, Mme d'Houdetot ne l'avait appris que de Mme d'Epinay elle-même pendant qu'elle voulait, dans l'ignorance où l'avait laissée Rousseau, amener Mme d'Epinay à le garder quelque temps encore à l'Hermitage. Quand Mme d'Epinay l'eut enfin mise au courant, et qu'elle vit le rôle singulier que lui avait fait jouer Rousseau, elle n'eut pourtant pas un mot de reproche pour celui-ci ; et, pour la récompenser de sa générosité, Rousseau, ne recevant pas assez tôt à son gré les réponses aux lettres dont il l'accablait, l'accuse de se ranger du côté de ses ennemis. Mme d'Houdetot comprend enfin qu'il vaut mieux mettre un terme à une liaison qui menace de devenir trop « orageuse » ; elle sent d'ailleur, lui écrit-elle, que « s'ils ne diffèrent pas sur les principes, qui sont les mêmes pour tout honnête homme, ils diffèrent pour leur interprétation. » Par exemple, elle ne peut se résoudre à regarder comme « des chaînes les bienfaits de l'amitié ». Elle qui a été si souvent témoin des délicates bontés de sa belle-sœur pour Rousseau, elle a été évidemment choquée d'entendre celui-ci refuser d'être « l'esclave » de Mme d'Epinay. Elle pense enfin, à l'encontre des commodes théories de Rousseau, que « si celui qui donne ne doit pas exiger de la reconnaissance, celui qui reçoit ne doit jamais s'en dispenser. » Il est évident que Mme d'Houdetot a perdu une à une ses anciennes illusions sur son vertueux ami; comme Mme d'Epinay, elle a appris à ses dépens à le percer à jour; et pressée sans doute aussi par Saint-Lambert qui veut délivrer sa maîtresse, comme Grimm a déjà libéré Mme d'Epinay, d'une aussi fatigante et compromettante amitié, elle rompt enfin et pour toujours (par sa lettre du 7 mai) avec l'homme qui lui a vendu si cher la double gloire de passer à la postérité, sous son propre nom dans les *Confessions*, et sous le nom de Julie dans la *Nouvelle-Héloïse*.

Et c'est, je crois, pour les mêmes raisons, à savoir pour que Rousseau ne compromette pas davantage son amie et aussi parce que Rousseau est maintenant bien connu de lui, que Saint-Lambert a rompu à son tour. Il a pris prétexte de l'insulte faite à Diderot, mais ce qui lui a certainement dicté sa lettre, c'est qu'il a vu le jeu double que jouait Rousseau lui écrivant, par exemple, qu'il n'a jamais voulu être que l'ami de Mme d'Houdetot, alors que Saint-Lambert sait maintenant, à n'en pas douter, que Rousseau a tout fait pour être son amant. Et, fidèle, je crois à sa tactique du début, Saint-Lambert rompt sur un incident qui met Mme d'Houdetot hors de cause; car il ne s'agit dans sa lettre que de l'offense faite à Diderot et Mme d'Houdetot reste en dehors du débat.

Ainsi Grimm d'abord, puis Mme d'Epinay, puis Mme d'Houdetot et Saint-Lambert, ils se sont tous, l'un après l'autre, éloignés de Rousseau; Diderot, lui, a reçu son congé de la main de Rousseau : il ne reste plus à ce dernier aucun ami. On dirait vraiment, que, dans toutes ces vilaines histoires, il a pris à tâche de justifier le mot de Diderot qui a été comme la première étincelle de toutes ces discordes : « il n'y a que le méchant qui soit seul. »

IX

J'ai étudié dans le plus grand détail, chronologiquement et pièces en mains, ce séjour fameux et orageux de l'Hermitage. Que nous apprend-il en définitive, car c'est par là surtout qu'il nous intéresse, sur le caractère de Rousseau ? Il me semble que si l'on va au fond des choses, la cause première de toutes ces querelles et de toutes ces brouilles n'est autre que l'égoïsme de Rousseau. Rousseau en somme n'aime que lui : par exemple, s'il se sépare de Diderot, et avec éclat, en lui faisant un outrage public et immérité, c'est surtout parce que cet « Aristarque » le gênerait maintenant qu'il ne pense plus comme Diderot et qu'il veut penser seul. Dans ses rapports avec Mme d'Houdetot, il est visible de même qu'il ne recherche que son plaisir : ni la réputation de Mme d'Houdetot, ni l'amitié de Saint-Lambert ne l'arrêtent un seul instant dans la poursuite du but égoïste qu'il a avoué lui-même dans ses *Confessions*. On l'a vu aussi, il se croit en droit d'exiger de ses amis bien plus que ceux-ci ne doivent attendre de lui-même ; car il est un être à part et il érige naïvement en système indiscutable ses prétentions à des égards particuliers et à un traitement exceptionnel.

Maintenant cet égoïste, qui est en même temps très sensuel (il a fait vingt fois l'aveu de son « tempérament combustible »), veut passer pour très désintéressé et pour très vertueux, c'est-à-dire pour le contraire de ce qu'il est au fond ; et c'est surtout de *ce contraste perpétuel* entre ce qu'il est et ce qu'il prétend — soyons indulgent : et ce qu'il voudrait être, que naissent tous les malentendus et toutes les querelles. Il aspire sincèrement à être un Alceste et un Caton ; mais son naturel l'emporte et il arrive alors qu'il se contredit et se dément sans cesse. Il croyait planer dans les nues, ne rêvant que « vertu sublime » et « sainte amitié », ce sont là de ses expressions favorites : et le voilà qui rampe et se traîne dans les plus vulgaires soucis de sa commodité et de son intérêt personnel. Que si maintenant quelque malavisé, par ses conseils intempestifs, fait éclater cet humiliant contraste entre ses doctrines et sa conduite, il en ressent une cuisante blessure d'amour-propre qu'il ne pardonne pas. N'est-ce pas l'explication même de sa brouille avec Diderot? Rousseau est le meilleur, le plus dévoué des amis : c'est sa prétention et je suis sûr même que c'est sa conviction. Or Mme d'Epinay malade va faire un pénible voyage, et dans le pays de Rousseau : « partez donc avec elle », lui écrit Diderot, et Rousseau est furieux contre Diderot; pourquoi cela? parce que Diderot lui a fait mesurer tout l'abîme qu'il y a entre le héros en amitié qu'il prétend être et le parfait égoïste qu'il est. Et notez que Mme d'Houdetot, qui l'aime si sincèrement, lui donne le même conseil et le plonge dans le même embarras : « oui, mon cher citoyen, lui dit-elle, quand votre ami et moi, nous vous avons dit notre avis sur cette affaire, le même intérêt *pour vous* (c'est-à-dire pour votre réputation d'homme vertueux et de délicat ami), nous a rassemblés sans nous être entendus. » Diderot, par sa fâcheuse insistance, a fait tomber le masque : le héros s'est évanoui, l'homme est resté avec ses mesquineries et son égoïsme très bourgeois, et c'est ce dont est mortellement blessé l'amour-propre de Rousseau.

Au fond, si Rousseau est si souvent en discorde avec ses amis, c'est parce qu'il est *en désaccord avec lui-même ;* son caractère, à chaque instant, dément ses principes, et c'est parce qu'il a, par moments, la conscience douloureuse de ce désaccord, qu'il s'évertue à le faire disparaître ou, tout au moins, à le dissimuler en modifiant, non son caractère, mais, ce qui est bien plus facile, les principes qu'il affiche. C'est ainsi que d'être aimable et reconnaissant envers qui vous oblige, cela s'appellera de l'esclavage, et il ne veut pas, lui, c'est justement contraire à ses principes, être « l'esclave » ou « le valet » de Mme d'Epinay. Et encore rompre brutalement et publiquement, par une note diffamatoire imprimée, cela s'appellera franchise et loyauté : « la secrète médisance est indigne de lui, et quand il dit du mal de quelqu'un, il commence par le lui dire en face » (*Lettre sur les spectacles*). Il est très vrai, comme l'en a accusé Voltaire, que Rousseau se fait un mérite de son ingratitude et Voltaire a le droit d'ajouter, dans sa *Guerre civile de Genève* :

Par grandeur d'âme il hait ses bienfaiteurs.

Qu'on me permette, puisqu'il nous y a invités lui-même, de pénétrer, si possible, jusqu'au fond de cet homme étrange et de le sonder *intus et in cute*, ce sont les expressions même qu'il a mises en tête de ses *Confessions*. J'ai dit tantôt que, s'il est sans cesse en dissentiment avec ses amis, c'est parce qu'il est en discorde avec lui-même ; et, en effet, si j'approfondis davantage cette nature si énigmatique au premier abord, je crois découvrir en lui deux traits de caractère qui se contrarient et comme deux principes d'action qui se combattent et se ruinent l'un l'autre : il est *rusé* et il est *passionné*. Je n'ai pas besoin d'ailleurs de faire remarquer que son égoïsme foncier peut, à la fois, fort bien trouver son compte aux ruses de sa stratégie et se concilier parfaitement avec ses passions : il a tout simplement l'égoïsme naïf des gens très passionnés.

Il est d'abord rusé jusqu'à la duplicité : qu'on se rappelle le jeu double qu'il joue avec Saint-Lambert et encore ses réticences calculées, quand il parle à Diderot de son amour pour Mme d'Houdetot et lui demande conseil, tout en lui cachant soigneusement qu'il a fait à Mme d'Houdetot l'aveu de sa passion. Et, de même, quand il discute avec Mme d'Houdetot sur l'opportunité de quitter l'Hermitage, il ne lui dit pas un mot de sa lettre insultante à Mme d'Epinay, ce que Mme d'Houdetot *devait* avant tout connaître en cette affaire. Rappellerai-je encore sa lettre extraordinaire à Grimm qu'il consulte (!) pour savoir s'il doit partir avec Mme d'Epinay ?

Or tout cela s'appelle d'un seul mot : duplicité. Il ruse avec ses amis, il leur tend des pièges, leur cache ce qu'ils devraient savoir ; il a avec eux une tactique sournoise et perfide.

Seulement voici le malheur : ces pièges, il les détruit lui-même et cette tactique habile, c'est lui qui la fait échouer, parce qu'il est un passionné. A la moindre égratignure qu'on lui fait et à la plus petite piqûre d'épingle, il s'emporte, il s'oublie et il oublie ses savantes manœuvres. C'est un joueur très calculé et très fin, mais qui, pour un rien, perd la tête et par conséquent perd aussi la partie. Par exemple, quand il veut prolonger jusqu'au printemps son séjour à l'Hermitage, il s'arrange et prend ses mesures pour se faire prier de rester : mais voilà que Diderot lui écrit une lettre qui le fait bondir, ou bien il croit tout à coup avoir à se plaindre de Mme d'Epinay : aussitôt il saute sur sa plume et il écrit des mots irréparables. Mme d'Houdetot désire qu'il reste à l'Hermitage, c'est son « plan » ; mais c'est aussi, c'est surtout le plan de Rousseau. Or Rousseau fait tout ce qu'il faut pour faire échouer ce plan et Mme d'Houdetot de lui écrire : « Votre lettre à Mme d'Epinay est absolument déplacée d'après ce plan. » Mme d'Houdetot, qui le connaît bien, et qui du reste lui est favorable, lui dit encore : « défiez-vous du premier mouvement ; mettez un intervalle entre la chaleur de la passion et les réponses que vous faites ; sans cela vous êtes exposé à dire bien des choses dont vous vous repentez après. » Mais c'est précisément cet « intervalle », ce temps de réflexion, cette maîtrise de soi enfin, dont Rousseau est incapable et qui toujours lui fait perdre le bénéfice de ses ruses de guerre.

Il y a, dans la dernière lettre qu'il écrivit à Diderot, une phrase très habile que je tiens à citer ici parce que j'y vois comme la clef des erreurs coutumières des apologistes de Rousseau : « un fourbe (Diderot ou tout autre l'avait évidemment accusé de fourberie) a de l'adresse et du sang-froid ; un perfide se possède et ne s'emporte point ; reconnaissez-vous en moi quelque chose de tout cela ? je suis emporté dans la colère. » Or c'est là le raisonnement que font la plupart des Rousseauistes : Rousseau perfide ! mais c'est au contraire un impulsif ! à quoi je réponds qu'on peut être l'un et l'autre à la fois, un caractère ne se ramenant pas plus à l'unité absolue qu'un talent à ce qu'on a appelé une faculté maîtresse. On peut être parfaitement très fourbe et très colère à la fois et alors on fait des choses contradictoires ; c'est le cas de Rousseau. Et voilà pourquoi je disais que, s'il ne peut jamais s'entendre avec ses amis, c'est surtout parce qu'il est en perpétuelle discorde avec lui-même.

Ceux qui vantent la franchise de Rousseau raisonnent ainsi : « Rousseau, au lieu de garder ses cartes cachées, les pose toutes sur la table ; ce n'est pas ainsi qu'on joue (1). » Je dirais tout au contraire : « Rousseau, non seulement voudrait tenir ses cartes cachées, mais il triche et plus souvent qu'on ne croit. Mais, par moments, il abat son jeu par dépit, ou le laisse tomber parce qu'il tremble de colère et n'est plus maître de ses mouvements. » Et pourquoi cède-t-il toujours à sa colère ? C'est, avant tout, parce qu'il est, on le sait, d'une sensibilité suraiguë qui fait de lui un écorché ; c'est ensuite parce qu'il manque d'éducation et que la politesse consiste avant tout à se maîtriser et à dominer ses nerfs ; mais les bonnes manières et les usages du monde, où le pauvre Jean-Jacques les aurait-il appris? et alors, vaniteux comme il est, il se fait un mérite de sa rusticité même. Il est vrai qu'à défaut d'éducation, certaines gens, même des gens du peuple, ont une générosité native qui les guide à travers la vie, comme un instinct très sûr, quand ils veulent, par exemple, témoigner leur reconnaissance; mais Rousseau n'a pas ces instincts généreux qui suppléent aux manières apprises et à la bonne éducation ; la preuve indéniable, c'est lui qui nous l'a donnée : il ne sait pas pardonner à ses amis et son cœur est fermé à la reconnaissance ; il le dit expres-

(1) M. Eugène Ritter, *Zeitschrift* ..., p, 337.

sément et s'en fait gloire et il le prouve par sa conduite. On sait tout ce qu'a été pour lui Mme d'Epinay ; quant à Grimm et à Diderot, il est certain (nous en avons l'aveu même de Rousseau dans ses *Confessions*), que, l'un et l'autre, ils ont donné de l'argent et à maintes reprises à Mme et à Mlle Levasseur ; il est certain aussi que Diderot a prodigué à Rousseau ses conseils et son temps, quand Rousseau inconnu avait besoin de lui. On a vu comment Rousseau a parlé de Grimm, de Diderot et de Mme d'Epinay : or un homme qui oublie à ce point tous les services rendus et qui prend un plaisir si manifeste à outrager et à calomnier ses amis les plus intimes, cet homme-là peut être le plus beau génie de son siècle : à moins de soutenir, et je n'en crois rien, qu'il est déjà fou, il ne faut pas hésiter à dire de lui qu'il a, comme l'a écrit Mme d'Houdetot elle-même, « un triste caractère », et, ce qui est bien pis, un mauvais cœur.

Marseille. — Imprimerie du *Sémaphore*, BARLATIER, rue Venture, 17-19.

IMPRIMERIE·DV·SEMAPHORE
MARSEILLE

PUBLICATIONS DES COLLABORATEURS DES ANNALES

Michel CLERC

LA BATAILLE D'AIX. — Études critiques sur la campagne de Caius Marius en Provence. - - 1 vol. in-8° de 284 pages et quatre cartes. Prix : **7 fr. 50**

Paul MASSON

LES COMPAGNIES DU CORAIL. — Étude sur le commerce de Marseille au XVIe siècle et les Origines de la Colonisation française en Algérie-Tunisie. — 1 vol. in-8° de 254 pages et cinq planches. Prix : **6 francs**.

Louis DUCROS

JEAN-JACQUES ROUSSEAU. — De Genève à l'Hermitage (1712-1757). — 1 vol. in-8° de 418 pages. Prix : **10** francs.

PARIS
FONTEMOING, Éditeur
4, Rue Le Goff, 4

UNIVERSITÉ D'AIX-MARSEILLE

PUBLICATIONS SUBVENTIONNÉES

PAR

Le Conseil Municipal de Marseille
Le Conseil Général des Bouches-du-Rhône
Le Conseil de l'Université

Annales de la Faculté des Sciences

Annales de la Faculté de Droit

Annales de la Faculté des Lettres

Annales de l'Ecole de Médecine et de Pharmacie

Le Directeur-Gérant : Michel CLERC

Marseille. — Imprimerie du *Sémaphore*, BARLATIER, rue Venture, 17-19.

www.ingramcontent.com/pod-product-compliance
Ingram Content Group UK Ltd.
Pitfield, Milton Keynes, MK11 3LW, UK
UKHW022101260726
13993UKWH00001B/246

9 782329 561950